AF465732

RÉPUBLIQUE FRANÇAISE

CAMPAGNE DE 1870-1871

ARMÉE DE LA LOIRE

16e CORPS

HISTOIRE

DU 8e RÉGIMENT DE MOBILES

(Charente-Inférieure)

PAR

L.-A. VIGNOLLE

Lieutenant commandant de Compagnie au 3e Bataillon.

BORDEAUX

IMPRIMERIE G. GOUNOUILHOU

11, RUE GUIRAUDE, 11

1872

A MES CAMARADES

DU 8e RÉGIMENT DE MOBILES

C'est à vous, mes chers compagnons d'armes, que je dédie le récit de notre campagne à l'armée de la Loire.

Un ouvrage très partial et inexact publié sur le régiment me force à sortir de la discrétion que je m'étais imposée.

Comme officier, j'ai servi mon pays, dans les tristes circonstances qu'il vient de traverser, avec le plus grand désintéressement; je puis l'affirmer hautement, car vous l'avez connu vous-mêmes.

La loyauté, la fidélité des services que j'ai rendus, le dévouement dont j'ai fait preuve, dans la mesure de mes forces, pour la défense du territoire envahi, me donnent le droit, en racontant notre campagne très exactement, de flétrir la conduite de certains.

Il est nécessaire de dire la vérité, trop souvent dénaturée par l'esprit de parti, et de rendre à chacun la justice qui lui est due.

Aussi, j'expose les faits tels qu'ils se sont passés sous vos yeux, laissant à votre honneur, à votre justice, le soin de mépriser ceux qui ont été assez lâches pour oublier qu'en présence de l'ennemi, ils étaient Français.

L.-A. VIGNOLLE,

Lieutenant commandant de Compagnie au 3e Bataillon du 8e Régiment de Mobiles (Saintes).

8e RÉGIMENT DE GARDE NATIONALE MOBILE
(Charente-Inférieure).

TABLEAU DE LA FORMATION DU RÉGIMENT.

Baron VAST-VIMEUX, *Lieutenant-Colonel.*
FESSEAU, *Capitaine-major.*
MERLOT, *Capitaine-trésorier.*
MANTELIN, *Capitaine d'habillement.*
DAVID, *Aide-major.*
HILLAIRET, *Aide-major.*
ALFRESKI-DESFRESCH, *Aide-major.*
AUBERGE, *Chef du 1er bataillon.*
RIBIÈRE (François), *Chef du 2e bataillon.*
DE LA BARRE, *Chef du 3e bataillon.*
CORTET, *Aumônier.*
KUTT, *Aumônier.*

Nos des Compagnies.	NOMS ET GRADES DES OFFICIERS DE LA COMPAGNIE.		
	CAPITAINES.	LIEUTENANTS.	SOUS-LIEUTENANTS.
		1er BATAILLON.	
1	GABORIT.	BOUCHET.	DOUILLET.
2	DELBOS.	SEGUINAUD.	BRAULT DE BOURNONVILLE.
3	DU CHEYRON DU PAVILLON.	DU CHEYRON DU PAVILLON.	RENAUD.
4	MASSÉ.	DESAGES.	JEAUDEAU.
5	DUMONTET.	BOLLON.	BISSEUIL.
6	GRAVELIN.	GOUREAU.	JEUDY DE GRISSAC.
7	FRADET.	DE LAROY.	DE LAFARGUE.
8	DU REPAIRE.	YOU.	DUBOIS.
		2e BATAILLON.	
1	VENTRE.	GRUEL-VILLENEUVE.	ROULLET.
2	DANTON.	LEROY.	DECHARME.
3	PARIS.	DE CHERADE DE MONTBRON.	GREEN DE SAINT-MARSAULT.
4	DE THOMASSON.	DELAGE DE LUJET.	LANDRIAU.
5	BAUDARD.	ROBERT.	BORDESOULLE.
6	ROCHE.	SIMOUNEAU.	BACHELIER.
7	SALVAIN.	BELENFANT.	AYRAUD.
8	CLAIR.	BUTTON.	MOQUET.
		3e BATAILLON.	
1	BLAY.	CLAIS.	BOSCALS DE RÉALS.
2	DELMAS.	ROUSSET.	VIGNOLLE.
3	GAUDEFROY.	DE DAMPIERRE.	CHAUDREAU.
4	DUSSAULT.	ROY DE LOULAY.	SAINT-BLANCARD.
5	ESMENJEAU.	LEGARDEUR DE TILLY.	DUPONT (Martin).
6	DE CLAUZADE DE MAZIEUX.	LEBERTHON.	DELMAS.
7	ALLENET.	LEGENDRE.	MORIN.
8	VINCENT.	LASSALLE.	BOISFRON.

CAMPAGNE DE 1870-1871

HISTOIRE
DU 8e RÉGIMENT DE MOBILES
(Charente-Inférieure)

Le département de la Charente-Inférieure, comme tous les départements de la France, fut appelé, dans le courant d'août 1870, après nos premiers revers, à la formation d'un régiment de mobiles. Le numéro 8 lui fut désigné.

Ce régiment devait se composer de trois bataillons, ayant chacun huit compagnies, et présentant un effectif d'environ 5,000 hommes. La dernière compagnie de chaque bataillon devait former le dépôt du régiment.

Le 1er bataillon, comprenant les jeunes gens des cantons de Jonzac, Mirambeau, Montendre, Montguyon, Archiac, Saint-Genis, Pons, Cozet, Gemozac, Royan et La Tremblade, fut organisé, à Jonzac et à Pons, sous les ordres de M. le chef de bataillon Auberge.

Le 2e bataillon, composé des jeunes gens des cantons de Rochefort (nord et sud), Surgères, Aigrefeuille, Tonnay-Charente, La Rochelle (est et ouest), Ars et Saint-Martin (Ile-de-Ré), Courçon, La Jarrie, Marans, Marennes, Le Château-Saint-Pierre (Ile-d'Oleron) et Saint-Agnan, fut formé, à La Rochelle, le 25 août, par M. le lieutenant-colonel Vast-Vimeux, député, et M. le commandant Ribière.

Le 3e bataillon, qui comprenait les jeunes gens des cantons de Saintes (nord et sud), Burie, Saint-Porchaire, Saujon, Matha, Aulnay, Saint-Jean-d'Angély, Loulay, Saint-Hilaire, Saint-Savinien et Tonnay-Boutenne, fut formé, à Saintes, le 27 août, par M. le commandant de La Barre, ex-chef de bataillon de l'armée régulière.

Dans le courant de septembre, le lieutenant-colonel du 8e mobiles avait à la disposition du Gouvernement de la Défense Nationale un régiment qui devait contribuer à chasser l'ennemi du sol français.

Le 22 septembre, les deux premiers bataillons reçurent l'ordre de se rendre à Issoudun. Le 23, le 3e bataillon quitta la ville de Saintes pour aller à Châteauroux. Ces bataillons, quoique séparés, continuèrent à se perfectionner dans ces nouvelles villes, en attendant qu'ils fussent appelés à marcher à l'ennemi.

Le bataillon de La Rochelle laissa dans les bureaux du capitaine-major plusieurs mobiles; j'en citerai deux: MM. Bilard et Garreau, l'un fils d'un riche armateur de la ville, l'autre fils d'un adjoint de l'empire. — Pourquoi avoir accordé cette préférence à ces messieurs? N'était-il pas plus juste de choisir des soutiens de famille qui auraient pu rendre les mêmes services (en écriture)? Le lieutenant-colonel Vast-Vimeux n'aurait pas dû tolérer de pareilles injustices.

D'après une circulaire de la délégation de Tours, ordre fut donné de procéder aux élections pour tous les grades d'officiers; elles eurent lieu pour le 1er et le 2e bataillon avant leur départ. Le 3e bataillon, n'ayant pu les faire à Saintes, devait, dès son arrivée à Châteauroux, y procéder. Avant qu'elles aient lieu, M. de Chef-fontaines, général commandant la ville, donna connaissance au lieutenant-colonel Vast-Vimeux d'un ordre arrivé de Tours disant que toutes les élections faites après le 23 septembre seraient annulées; le lieutenant-colonel Vast-Vimeux n'en tint pas compte et voulut que le 3e bataillon fît comme les deux premiers; elles eurent lieu et cinq officiers de ce bataillon ne furent pas élus. Une protestation très énergique faite par un seul capitaine (M. Allenet) fut appuyée par MM. Vast-Vimeux et de La Barre. Trois officiers du 3e bataillon, MM. Legendre, Delmas et Vignolle, allèrent près de la délégation de Tours réclamer pour tous les officiers du régiment qui n'avaient pas été nommés. MM. Crémieux, Fourichon et le général Lefort accueillirent favorablement leur juste demande et n'annulèrent que les élections du 3e bataillon faites après le décret du 23 septembre.

Le lieutenant-colonel Vast-Vimeux désirait courir les chances de l'élection; les officiers de chaque bataillon votèrent; le 1er et le 2e bataillon votèrent à l'unanimité pour lui. Les officiers du 3e bataillon désiraient avoir à la tête du régiment M. de La Barre comme colonel; dix-neuf officiers lui donnèrent leurs voix, et deux officiers, MM. de Tilly et Roy de Loulay, ont voté pour le lieutenant-colonel. Le commandant de La Barre, par modestie, donna sa voix à M. Vast-Vimeux.

.Dans les premiers jours d'octobre, le régiment se rendit, par la voie ferrée, à Orléans. Les deux premiers bataillons, qui avaient leurs effets de campement, campèrent sur le Mail de cette ville. Le 3e bataillon, faute de campement, logea chez l'habitant. Le 3 octobre, le 1er et le 2e bataillon, commandés par le lieutenant-colonel Vast-Vimeux, quittèrent la ville pour se rendre dans la forêt d'Orléans.

Le 3e bataillon, sous les ordres du commandant de La Barre, resta à Orléans et fut entièrement équipé quelques jours après son arrivée; il attendait chaque jour l'ordre de rejoindre les deux autres bataillons.

Du 5 au 10, les troupes des généraux de Lamotte-Rouge et Polhès, qui se trouvaient en avant de Toury (15 kilomètres d'Orléans), se battaient. Le 10, la bataille fut sérieuse; le canon se rapprochait de plus en plus d'Orléans; les habitants étaient bouleversés par l'arrivée de plusieurs fuyards, aussi eurent-ils une panique très grande. Vers les quatre heures et demie, quantité de soldats de tous corps arrivaient par le faubourg Bannier en criant: Sauve-qui-peut! Ces fuyards avaient été précédés par quelques voitures d'ambulances amenant des blessés et par des voitures faisant partie des convois qui se repliaient. Aussitôt la panique fut terrible. Spectacle indescriptible!... Les rues, les places étaient encombrées de voitures, de charriots; à l'entrée du faubourg Bannier se trouvait une batterie qui se disposait à partir, elle se replia en suivant la route des Ormes. Des bandes de soldats, sans fusils, sans sacs, accouraient à tout moment se jetant dans les maisons, dans l'église Saint-Paterne. A travers la foule, quelques cavaliers accouraient ventre-à-terre se faisant un chemin au milieu de ces masses compactes; plusieurs malheureux périrent piétinés. Au bout du Mail, près la place Bannier, il y avait deux compagnies de ligne dont les tentes étaient à peine formées; la plupart de ces soldats, entendant les cris des habitants, se sauvèrent à toutes jambes dans la ville, en continuant à jeter l'alarme, et, sans savoir ce qu'ils faisaient, ils tirèrent; des femmes, des enfants furent atteints. Trois braves officiers de notre régiment, MM. Allenet, Chaudreau et Boscals de Réals, encourageant la foule à se modérer, faillirent être victimes de leur dévouement. Les officiers appartenant à ces deux compagnies de ligne furent très dignes, ils rappelèrent leurs hommes, mais ne les ramenèrent que difficilement.

Les mobiles du 3e bataillon devaient se trouver à six heures du soir, pour l'appel, à l'extrémité du Mail (lieu désigné). Voyant ce qui se passait, ils s'y rendirent immédiatement; là, ils trouvèrent leurs officiers, et ce bataillon, quoique armé du fusil modèle 1842, se fût trouvé prêt à marcher s'il en eût reçu l'ordre. A la nuit, le bruit du canon cessa, une partie des troupes qui avaient pris part à l'engagement rentra fort tard et campa sur le Mail et sur différentes places. Le 3e bataillon resta l'arme au pied jusqu'à onze heures du soir; le général Faye, commandant la ville, lui envoya l'ordre de retourner à son cantonnement et de se retrouver le lendemain à cinq heures au lieu qu'il quittait.

Le 11, à l'heure indiquée, le 3e bataillon était à son poste et attendait (on fusilla ce matin-là plusieurs fuyards de différents corps qui avaient causé le trouble de la veille). Les troupes qui avaient campé dans la ville partirent à six heures en prenant la direction d'Artenay. A dix heures et demie, l'engagement recommença; à deux heures et demie, la cavalerie, l'artillerie et plusieurs régiments de mobiles battaient en retraite, précédés de plusieurs généraux et de l'état-major. Le 3e bataillon attendait toujours l'ordre de se porter en avant. Son désir ne fut pas réalisé; au moment où les Prussiens arrivaient par le faubourg Bannier (cinq heures), arrivée annoncée par plusieurs obus lancés dans la ville, ce bataillon recevait l'ordre du général Faye de quitter Orléans et de se rendre à Jargeau; le soir, les mobiles campèrent sur la place de cette ville. Trois officiers du régiment, MM. de Montbron, de Laroy et Goureau, malades à Orléans, furent faits prisonniers.

Le 12, d'après les ordres reçus, le bataillon partit pour Bourges, passant par Vouzon, Chéon, Pierrefitte, traversa la Sologne et, après cinq jours de marche, entrait dans la ville de Bourges où il restait jusqu'au 21. Les six jours que l'on y passa furent bien employés, le commandant de La Barre fit manœuvrer le plus qu'il put son bataillon.

Le 21, on se rendit à Saint-Florent, à quinze kilomètres de Bourges. Nous ne demeurâmes qu'un jour dans cette localité.

Le 22, nous prîmes la voie ferrée pour nous rendre à Gien où nous arrivâmes le lendemain matin à une heure. Quoique avec beaucoup de peine, les mobiles furent logés chez les habitants.

Le 23, ils firent le service de la place de Gien.

Le 24, le 3e bataillon alla camper sur les bords de la Loire, où se trouvaient les deux premiers bataillons (ces deux bataillons étaient dans la forêt d'Orléans, avec la brigade du général Maurandy, les 10 et 11 octobre; ils avaient pris la direction de Montargis, et étaient arrivés à Gien quelques jours avant nous).

Le 28, le régiment reçut des chassepots; le 29, la théorie de cette nouvelle arme fut démontrée à MM. les officiers du régiment par le capitaine Massé, en présence du lieutenant-colonel et des officiers supérieurs. On apprit aux mobiles le maniement de ce fusil, et les exercices furent continués jusqu'au 18 novembre, veille de notre départ pour Orléans.

Le commandant de La Barre reçut, le 18 novembre, sa nomination de lieutenant-colonel d'un régiment de mobiles. Le 3e bataillon eut un vif regret de perdre un officier aussi capable. Le commandement de ce bataillon fut confié à un capitaine du bataillon, nommé de Clauzade de Mazieux, une de ces nullités dont rien n'approche.

Durant tout le temps que le 8e mobiles resta à Gien, il eut un service des plus pénibles, qu'il lui eût été facile d'éviter. Tous les matins, de quatre heures à huit heures, le régiment prenait les armes, quelque temps qu'il fît, et après les quatre heures passées près des faisceaux, les mobiles étaient obligés de réinstaller leurs tentes sur le sable humide qui borde la Loire. Il en résulta des maladies très graves. Les rapports, des plus énergiques, faits par MM. David, Hillairet et Alfreski-Desfresch, chirurgiens-majors, n'aboutirent, vers la fin de notre séjour, qu'à la faveur de changer l'assiette du campement envahie par la crue de la Loire.

Le 19 novembre, la division du général Maurandy, dont nous faisions partie, se rendit à Orléans, par Saint-Goudon, Lion-en-Sullias, Sully et Jargeau, laissant à la porcelainerie de Gien, convertie en ambulance, un grand nombre de mobiles atteints de la variole, lesquels furent soignés par le docteur Alfreski-Desfrech.

Le 21, nous arrivions à Orléans. Cette ville était très heureuse des résultats de la bataille de Coulmiers qui la débarrassait des Prussiens. Le régiment se rendit sur le boulevard Saint-Jean pour y camper, mais la boue et le mauvais temps nous mettant dans l'impossibilité d'y installer les tentes, on nous logea dans différentes habitations abandonnées.

Le 22, à six heures du matin, par un temps triste, le régiment attendait des ordres sur le boulevard Saint-Jean. Le 39e de ligne qui faisait le service de la ville étant parti, le 8e mobiles fut désigné, pour le remplacer provisoirement. Il fit ce service jusqu'au 29 inclusivement. La conviction de plusieurs officiers du régiment fut, à cette occasion, que ce service de place nous avait été donné sur les instances et démarches faites, auprès des autorités, par M. Roy de Loulay, député, qui désirait que le 8e mobiles n'allât pas au feu. Il serait pourtant utile de dire que le fils de M. Roy de Loulay, lieutenant dans ce régiment, était possesseur d'une fort belle cuirasse.

Dans la nuit du 29 au 30 novembre, ordre fut donné de partir pour Sainte-Péravie-la-Colombe. Le régiment quitta Orléans vers sept heures et demie, et fit une halte d'une heure au village des Barres (12 kilomètres d'Orléans); on en profita pour faire différentes distributions, puis on se remit en marche pour Boulay où, le soir, les troupes campèrent.

Le 1er décembre, la division quitta Boulay à dix heures, et, traversant les plaines de la Beauce, se dirigea sur Sougy, où elle arriva le soir, à cinq heures. Le canon grondait fortement au delà de Terminiers; les Prussiens étaient repoussés, le village de Villepion était pris et l'amiral Jauréguiberry y avait établi son quartier général.

Ordre fut donné à notre division de ne pas lever le camp, de n'allumer aucun feu pouvant donner l'éveil à l'ennemi et de se tenir prête à partir le lendemain à sept heures.

Le 2 décembre, on réveilla les troupes à trois heures, et, dès quatre heures, le camp était levé. Par différentes directions on atteignit, à huit heures, le village de Terminiers, après une marche pénible et par un froid très sec. Il fut accordé une halte d'une heure afin que les hommes pussent manger et se reposer. A neuf heures la division se remit en marche, laissant à sa gauche le village de Terminiers; la canonnade commençait à se faire entendre. A dix heures, le 8e mobiles, en ligne de bataille, se portait en soutien d'artillerie, à cinquante mètres en arrière de nos batteries, prêt à les protéger s'il y avait lieu. La distance très grande qui nous séparait de l'ennemi ne nous permettait pas de l'atteindre, tandis que l'artillerie prussienne nous criblait de ses projectiles. On resta ainsi jusqu'à deux heures de l'après-midi. Il fut envoyé en tirailleurs deux compagnies à environ huit cents mètres du régiment; l'une de ces compagnies, du 2e bataillon, ne put tirer que quelques coups de fusil, et fut obligée de se replier; l'autre, la 1re compagnie du 3e bataillon, était commandée par MM. Clais, lieutenant, et Boscals de Réals, sous-lieutenant (leur capitaine les avait abandonnés la veille, à Sougy, donnant pour prétexte un mal imaginaire). Ces deux officiers portèrent leur ligne de tirailleurs à près de cinq cents mètres de l'ennemi, essuyant son feu et le contenant pendant plusieurs heures; ils se replièrent, le soir, sur Patay, et le lendemain vinrent retrouver le régiment qui se trouvait à Huêtre. MM. Clais et Boscals de Réals se sont conduits d'une manière admirable.

Les officiers, sous-officiers et soldats du 8e mobiles reçurent ce jour-là le baptême du feu. Ils étaient encouragés par le lieutenant-colonel Vast-Vimeux qui, resté à cheval, à la tête du régiment, pendant toute l'action, donna les preuves d'un sang-froid et d'un courage au-dessus de tous éloges. MM. Cortet et Kutt, aumôniers, parcouraient les rangs, au plus fort de la bataille, encourageant les mobiles et portant secours à nos malheureux blessés. MM. David et Hillairet [1], chirurgiens, et leurs aides, MM. Vermeil et Grissac, s'acquittèrent avec énergie de leur mission.

Vers trois heures, l'artillerie n'ayant plus de munitions cessa son feu et se replia; les régiments engagés en firent autant. Le 8e mobiles, resté seul sur le champ de bataille, fut, pendant près de vingt minutes, littéralement criblé par l'artillerie prussienne. Les officiers montrèrent beaucoup de calme, et l'ordre le plus parfait ne cessa de régner. Malgré nos pertes, le régiment conserva sa position et ne la quitta que sur l'ordre qui lui en fut donné par le général Maurandy.

Le rapport officiel du 2 décembre 1870 constate que le 8e mobiles quitta le dernier le champ de bataille.

A trois heures et demie, le régiment se replia sur Huêtre, où il campa par une nuit très froide.

Le régiment eut dans cette bataille trois officiers blessés grièvement : MM. Danton et Dussault, capitaines, et Bisseuil, lieutenant. Le lieutenant Chaudreau fut blessé à la hanche et, malgré les souffrances occasionnées par sa blessure, resta à son poste; il prit part aux affaires des 3 et 4 décembre, mais, ne pouvant plus suivre le régiment, il rentra à l'ambulance. Les mobiles perdirent : 95 hommes tués, et de 250 à 300 blessés [2].

Tous les officiers, sous-officiers et mobiles prirent part à la bataille du 2 décembre; un seul, un officier, M. Roy de Loulay, oublia ce jour-là qu'il était Français; il s'enfuit devant l'ennemi et, rencontré par deux chirurgiens, qui lui dirent : — « Lieutenant, votre place n'est pas ici! » il répondit — « Je suis M. Roy de Loulay, le bruit du canon me rend malade. » Un de ces chirurgiens, M. Ricochon, nous a-t-on dit, menaça de sa cravache cet officier indigne qui prit la fuite et rentra à Orléans où il se garda bien de paraître aux tranchées. Il eut, néanmoins, l'audace de revenir, dans le courant de décembre, au régiment.

Je croirais manquer à mon devoir d'honnête citoyen si je laissais passer, sans la signaler et la flétrir, la conduite de cet officier. Le fait que je cite est exact; tout le 8e mobiles peut l'attester. Au moment de la retraite, le capitaine Fradet fit remarquer au lieutenant-colonel la disparution du lieutenant Roy de Loulay. Pourquoi le lieutenant-colonel n'usa-t-il pas de son droit en pareilles circonstances ?

Le 3, à trois heures du matin, le camp fut levé. On prit la direction d'Orléans et l'on s'arrêta le soir, à trois heures et demie, à Boulay, où la division fut placée en ligne de bataille. Le temps devenait de plus en plus brumeux, pendant trois heures nous entendîmes une canonnade épouvantable. A sept heures elle cessait, le bois dans lequel se trouvait notre artillerie était en flammes. Des postes d'observation

---

(1) MM. Hillairet et Vermeil furent faits prisonniers.

(2) J'oubliais le lieutenant Roy de Loulay, blessé par ses bottes en tournant le dos à l'ennemi.

furent établis dans tous les sens, et la division campa dans la plaine couverte de neige.

Le 4, à cinq heures et demie, le camp fut levé, après avoir fait des distributions attendues avec la plus grande impatience; la division se mit en marche, avançant ou reculant, suivant les phases de la bataille. Le mouvement de retraite, plus accentué, nous avait conduits sur la route des Ormes, quand un officier de chasseurs, bride-abattue, vint s'entretenir avec le général Maurandy.

Après cet entretien, le général, s'adressant au lieutenant-colonel Vast-Vimeux, lui dit : — « On me demande un bon régiment, portez-vous en avant; je compte sur les mobiles de la Charente-Inférieure! »

Cet ordre fut immédiatement exécuté; nous allâmes soutenir l'artillerie de la division du général Barry, sérieusement menacée par de nombreuses colonnes prussiennes qu'on voyait poindre dans toutes les directions.

Le 8e mobiles, arrivé en avant du bois de Bucy-Saint-Liphard, fut partagé par bataillon, à droite et à gauche. Les deux premiers bataillons occupèrent le côté gauche, près d'une ferme, et eurent un sérieux engagement avec l'ennemi. Le 3e bataillon prit position dans le bois même de Bucy-Saint-Liphard et eut à lutter contre des forces plus considérables qu'il contint par son intrépidité et son énergie. Ce bataillon était commandé par M. de Clauzade, la nullité par excellence, qui lui fit opérer une conversion pour le diriger dans le bois de Bucy-Saint-Liphard; cette conversion ayant été mal exécutée sur un terrain rempli de sinuosités, sous une pluie de balles et d'obus, en face de l'ennemi, il voulait faire recommencer la manœuvre et s'efforçait de crier: *Au temps!... Au temps!... Au temps!...* Le temps fut jugé trop précieux par MM. Rousset et Vignolle, qui demandèrent à leur commandant ce qu'il entendait faire; pour toute réponse, il disparut (1).

Le plus ancien capitaine du bataillon, M. Allenet, voyant ce qui se passait, prit le commandement et, déployant immédiatement le bataillon en tirailleurs, fit commencer le feu. Les Prussiens, reçus par le feu violent et soutenu de nos armes à tir rapide, crurent, sans doute, nos forces beaucoup plus considérables, ils s'enfuirent. L'artillerie de la division Barry était hors de danger, après cette fusillade qui dura une heure environ; ce général vint remercier le lieutenant-colonel Vast-Vimeux pour le service éclatant que le 8e mobiles venait de lui rendre. Le lieutenant-colonel signala au général Barry le 3e bataillon qui avait le plus contribué au résultat de cette affaire; il lui recommanda particulièrement le capitaine Allenet.

Le 3e bataillon, déployé en tirailleurs, battit en retraite, protégeant les troupes et les convois de vivres et de munitions du 16e corps. Il alla camper à Beaugency, le soir, avec les troupes de la division. Une partie des hommes, fatigués, ne pouvant aller plus loin, s'arrêtèrent à Aulnay et à Meung, et le lendemain se rendirent à Beaugency.

Le général Barry rencontrant, à Mer, le capitaine Allenet, lui serra la main en lui disant : — « Capitaine, vous êtes un brave! Je penserai à vous. »

Plusieurs fractions des bataillons du 8e mobiles, s'étant égarées dans les bois, se rendirent à Orléans et prirent part à la lutte, dans les tranchées; elles y retrouvèrent plusieurs compagnies commandées par des officiers du 8e mobiles, sous les ordres de M. de Thomasson. La belle conduite de cet officier, dans cette journée, lui valut la croix de la légion d'honneur. MM. Belenfant, Grimouard et Roullet, officiers, se signalèrent par leur énergie et leur intrépidité. Dans cette même

(1) Ce capitaine vint au camp de La Rochelle où il passa tranquillement le reste de la campagne.

affaire, le courage et le dévouement du sergent-major Quéret le firent nommer sous-lieutenant (¹).

Deux compagnies du régiment se trouvaient à Orléans; la 3ᵉ du 1ᵉʳ bataillon fut préposée à la garde d'un ballon, et la 3ᵉ du 3ᵉ bataillon partit le 28 novembre, pour Bellegarde, avec mission d'escorter plusieurs batteries d'artillerie; à son retour à Orléans, elle reçut l'ordre de rester pour la défense de la ville.

Le 5, au matin, ce qui restait du 8ᵉ mobiles se réunit en arrière de Beaugency; des distributions nécessaires furent faites. En prévision d'une attaque de l'ennemi, déjà rendu à Meung, on nous fit occuper différentes positions. Le 7, au matin, nous quittions ces positions pour nous rendre à Blois, en passant par Mer. A six heures du soir, le 8ᵉ mobiles traversait Blois se rendant au champ de manœuvre, sur la rive droite de la Loire (faubourg de Vienne), où officiers et soldats campèrent exténués de fatigue et manquant de vivres. Malgré la rigueur du temps, malgré les privations et la douleur de la retraite, les enfants de la Charente-Inférieure montrèrent le plus grand calme et une courageuse résignation.

Le 8, la 1ʳᵉ brigade de la division, composée du 36ᵉ de marche (colonel Marty) et du 8ᵉ mobiles, devait partir pour Chambord à dix heures; ce départ n'eut lieu qu'à une heure et demie; à la nuit, la brigade était rendue. Elle attendit longtemps à l'entrée du parc; enfin, les postes furent assignés; le 36ᵉ de marche occupa le côté gauche du château; le 8ᵉ mobiles porta son 1ᵉʳ bataillon sur Bracieux, son 2ᵉ à la porte Montfrond et le 3ᵉ, dans le parc, à un rond-point distant de huit kilomètres du château. Chaque bataillon établit ses postes. La grand'garde du 3ᵉ bataillon fut montée par le sous-lieutenant Vignolle. La nuit du 8 au 9 fut très pénible; à la suite de plusieurs coups de fusil tirés dans les environs, le 3ᵉ bataillon fut, deux fois, envoyé en reconnaissance. On apprit, le lendemain, que des francs-tireurs de Paris s'étaient amusés à brûler inutilement leurs munitions.

Le 9, nous entendîmes le canon dont les grondements se rapprochaient de plus en plus. A onze heures et demie, ordre fut donné au 8ᵉ mobiles de se rendre, de suite, à Blois; il fut rallié au pied du château, où se trouvaient déjà réunies différentes troupes attendant des ordres. A une heure, la brigade se mit en marche, mais, arrivée à 6 ou 8 kilomètres en dehors du parc, elle fut arrêtée par le général Maurandy qui venait en voiture avec plusieurs officiers d'état-major (Mauvais signe! fut le cri général de la colonne). Ordre nous fut donné d'aller réoccuper nos positions de la veille; c'était la décision qui venait d'être prise à Blois.

Le 40ᵉ de marche et le 71ᵉ mobiles (Haute-Vienne) reçurent ordre d'abandonner Blois et de se rendre à Chambord, à l'exception d'un bataillon du 40ᵉ de marche qui devait accompagner une batterie destinée à opérer sur la rive gauche de la Loire, et d'un demi-bataillon, plus deux compagnies, détachés du même régiment pour la garde d'un convoi à destination de Tours; enfin, le 3ᵉ bataillon, qui ne comprenait plus que deux Compagnies, était détaché à Sommery. Il ne restait donc du 40ᵉ régiment que deux compagnies et un peloton, qui vinrent à Chambord avec le 71ᵉ mobiles.

En arrivant à Chambord, à six heures, le 40ᵉ de marche et le 71ᵉ mobiles trouvèrent, sous les murs du château, une partie du 8ᵉ mobiles (3ᵉ bataillon), un bataillon du 36ᵉ de marche, les francs-tireurs de Paris et une batterie d'artillerie. Ces troupes avaient été disposées pour la bataille par le général Maurandy, qui les dirigea pendant tout le temps de la lutte. Le détachement du 40ᵉ prit place en arrière de ces troupes, se trouvant ainsi en 4ᵉ ligne; derrière encore, quelques mobiles de la Haute-Vienne avaient formé les faisceaux.

(¹) Beaucoup de sous-officiers et mobiles se firent remarquer par leur attitude énergique.

Le 3e bataillon du 8e mobiles, commandé par le capitaine Allenet, les francs-tireurs de Paris et un bataillon du 36e de marche avaient déjà commencé le feu ; les Prussiens tiraient sur nous par des créneaux qu'ils pratiquèrent au mur du parc, dans lequel un grand nombre d'entr'eux avaient déjà pénétré avec de l'artillerie. Sous une vive fusillade et une canonnade épouvantable, nous nous repliâmes, en ripostant de notre mieux, vers un pont où l'ennemi semblait plus particulièrement se porter. Le capitaine commandant le 40e de marche ayant envoyé une section, sous les ordres d'un capitaine, celui-ci, s'étant avancé à environ cent cinquante mètres du pont, reconnut les Prussiens qui, usant d'un stratagème où se laissa prendre plus d'une fois la loyauté française dans le cours de cette déplorable campagne, disaient vouloir se rendre; ils envoyaient déjà un prisonnier français avec deux prussiens pour parlementer, quand, tout à coup, les Prussiens surgirent en masses profondes sur la route, le capitaine cria alors de toutes ses forces; « Ce sont les Prussiens! Feu ! Feu partout ! » Sa petite troupe fit feu, mais, à une aussi courte distance, à une trentaine de mètres, l'ennemi, dès ses premières décharges, la coucha sur la route; ses balles furent ensuite dirigées sur le 3e bataillon du 8e mobiles et les francs-tireurs de Paris.

Quelques compagnies des mobiles de la Haute-Vienne, sous un feu terrible et une pluie de mitraille, n'ayant pas rompu leurs faisceaux, reculèrent désarmées.

L'ennemi, très nombreux, après avoir franchi le pont, un instant défendu par le 3e bataillon et la 3e compagnie du 2e bataillon (8e mobiles), s'empara du château, de 5 pièces de quatre et d'un grand nombre de prisonniers. Quelques compagnies débandées fuyaient dans le parc; beaucoup de soldats ayant réussi à escalader le mur échappèrent à l'ennemi; ils partirent dans toutes les directions, sans s'occuper du sort de leurs régiments. Quelques-uns allèrent à Tours. Plusieurs mobiles du 8e se rendirent à Poitiers, où ils retrouvèrent deux compagnies du régiment qui, après l'affaire d'Orléans, avaient été dirigées sur Poitiers, par Vierzon et Issoudun. Ces différents détachements se réunirent en un seul, qui, par ordre du général de Curten (commandant la 3e division du 16e corps en remplacement du général Maurandy), fut attaché à la colonne mobile partie de Poitiers le 20 décembre 1870 pour opérer dans l'Indre-et-Loire, puis dans la Sarthe. Le commandement de ce détachement, fort d'environ 500 hommes, fut confié au capitaine Allenet, qui tomba malade à Bourgueil et fut forcé, par la gravité de sa maladie (fièvre typhoïde), d'entrer à l'ambulance.

Le capitaine Simouneau prit le commandement de cette colonne, et, le 9 janvier 1871, fit sa jonction avec un détachement du 8e mobiles attaché à la colonne Jobey et commandé par le capitaine Desages. (Voir ci-après, page 23.)

A Chambord, le 8e mobiles perdit: 20 hommes tués, autant de blessés et plusieurs prisonniers; parmi ces derniers, trois officiers : M. Charrier, du 1er bataillon, MM. William Delmas et Martin Dupont, du 3e bataillon, furent pris par suite de leur position avancée.

On lit dans le rapport du général Maurandy: « Les forces qui nous ont attaqués étaient de 15,000 hommes et 18 pièces de canon.... » Ce rapport finit en disant : « Cette triste affaire n'est due qu'aux francs-tireurs, qui n'ont pas fait leur devoir. »

Une partie des troupes composant la division Maurandy prit la grande route et, passant par Brassieux, arriva à Lès-Montils, à une heure et demie; plusieurs officiers et soldats, ne pouvant aller plus loin, se couchèrent dans les écuries, d'autres à la belle étoile, et le lendemain, 10, se rendirent à Chaumont où une faible partie de la division était arrivée à cinq heures du matin.

Le 10, vers sept heures du matin, le peu de troupes qui se trouvaient à Chaumont furent mises en éveil par un bruit semblable à celui du canon ; elles se tinrent sur le qui-vive, croyant que l'ennemi s'approchait (c'était le pont de Blois qui venait de sauter). Le reste de la division, qui s'était arrêté la veille à Lès-Montils, arriva à Chaumont vers dix heures; on fit des distributions, et, à trois heures, la division se mettait en route pour Amboise où elle arrivait à la nuit. Dans cette ville, les hommes eurent beaucoup de peine à se loger.

Le 11, à neuf heures, la division devait partir pour Château-Renaud et se tenait, dès cette heure-là, prête à se mettre en marche; à trois heures et demie, dans la boue depuis le matin, elle attendait encore. Les hommes maugréaient; des cas graves de mutinerie et d'indiscipline se produisirent: un train, en gare, allait partir pour Tours, on vit des soldats de l'armée régulière quitter la division, gagner la voie ferrée et envahir le train en partance; quelques-uns de nos mobiles, des sous-officiers même, découragés, démoralisés, suivirent cet exemple, ceux qui ne trouvaient pas de place dans le train montaient sur la machine; ils partirent, semant la terreur sur leur passage [1]. Cette scène était peu faite pour remonter le moral de nos troupes; la division s'égrenait, dès qu'on perdait les hommes de vue, ils partaient; les remontrances et les menaces étaient tout à fait impuissantes.

Au 8ᵉ mobiles, la discipline n'était pas rigoureusement maintenue; les officiers et mobiles coupables d'en avoir enfreint les règles auraient dû être traduits devant une cour martiale. Pourquoi le lieutenant-colonel Vast-Vimeux n'y a-t-il pas eu recours ? Quantité de mobiles ne pouvaient justifier de la perte de leurs armes, de leurs munitions, ni de leur absence.

A quatre heures, on annonça que le départ était retardé; une partie du régiment alla se loger dans l'île et l'autre en ville.

Le 12, à deux heures du matin, branle-bas général, les ponts doivent sauter; les hommes se lèvent, ceux logés dans la ville passent du côté de l'île et attendent le jour. A huit heures, le régiment se réunit pour assister à l'exécution par les armes de deux soldats du 36ᵉ de marche. Triste cérémonie! Pendant l'exécution, le général Maurandy se promenait sur le Pont-Neuf, afin de s'assurer si ses ordres étaient bien exécutés. Des fusillades de ce genre eussent été nécessaires de temps en temps au 8ᵉ mobiles; malheureusement elles n'eurent pas lieu. A neuf heures, le Pont-Neuf sauta; le pont en bois fut démoli. A l'appel de midi, le lieutenant-colonel put constater que les manquants étaient assez nombreux. A trois heures, départ pour Château-Renaud, où l'on arrive à la nuit; les mobiles furent logés chez les habitants.

Le 13 décembre, la direction de Montoire devait être prise; contre-ordre fut donné. A trois heures, appel et préparatif de départ; pas d'ordres; séjour prolongé, on en profite pour distribuer aux mobiles, non tout ce dont ils auraient eu besoin, mais des chaussures indispensables, d'un assez mauvais cuir, pour ne pas dire en *cuir-carton*.

Le 14, à deux heures, le lieutenant-colonel Vast-Vimeux fit le rapport suivant:

« On partira à quatre heures, point de direction en arrière de Saint-Amand. Le 8ᵉ mobiles escortera le convoi et prendra la route de Montoire. L'assemblée sera battue à trois heures et demie; réunion du régiment à quatre heures moins le quart. Le quartier général sera établi au château de Lunou, près de la bifurcation de la route de Château-Renaud à Montoire. Le convoi se rendra à Montoire et de là se placera sus la route de Saint-Amand. »

A quatre heures, le 8ᵉ mobiles était prêt à partir; toutes les troupes composant

---

[1] Après Chambord, on vit des soldats et des mobiles s'enfuir jusqu'à Bayonne.

la division, ayant à leur tête le général Maurandy et son état-major, défilèrent devant nous.

Le lieutenant-colonel vint dire aux officiers de son régiment : — « Je suis obligé « d'escorter le général ; je m'en vais pour mon *compte personnel*. Le commandant « Dumontet prendra le commandement de la colonne et partira de suite en escor- « tant le convoi. » (On n'a jamais pu savoir quel était le sens des paroles du lieutenant-colonel.)

A quatre heures et demie le régiment n'était pas encore parti, grâce au peu de vivacité du commandant Dumontet; il eut lieu, à cinq heures et demie, par une pluie battante, et, à onze heures et demie, nous entrions dans la ville de Montoire où les mobiles furent logés chez les habitants. Quelques officiers et mobiles, qui étaient allés à Tours après l'affaire de Chambord. étaient rendus à Montoire lorsque le régiment y arriva; ils avaient pris la voie ferrée.

Le 15, appel à sept heures et demie; des distributions sont faites dans la journée; le bruit court que nous devons partir à la nuit pour Vendôme. Il est lu aux troupes l'ordre suivant :

ORDRE A L'ARMÉE.

« Vendôme, 14 décembre 1870.

» SOLDATS DE LA 2e ARMÉE,

» Depuis quinze jours, vous n'avez pas cessé de combattre. Vous avez lutté héroïquement contre la principale armée allemande, commandée par le prince Frédéric-Charles, et si chaque jour vous n'avez pas complètement battu l'ennemi, comme à Vallière, à Coulmiers, à Villepion, vous n'avez jamais subi de défaites, puisque chaque soir vous avez couché sur vos positions, disputées avec acharnement de l'aube à la nuit. Pendant cinq jours, la 2e armée, appuyant sa droite à la Loire, sa gauche à la forêt de Marchenoir, s'est maintenue dans ses lignes en avant de Josnes, et les batailles des 7, 8 et 9 décembre ont été aussi glorieuses pour vous que funestes à l'ennemi, qui, de l'aveu de ses prisonniers, a subi des pertes considérables, surtout en officiers de tous grades.

» Des considérations stratégiques vous ont ramenés sur les positions que vous occupez actuellement. Vous les conserverez, quels que soient les nouveaux efforts de l'ennemi, qui ne s'acharne sur vous que parce qu'il comprend que vous êtes pour lui l'obstacle et la résistance.

» Ce que vous venez de faire, malgré des privations forcées, des fatigues incessantes, le froid, la neige, la boue de vos bivouacs, vous le continuerez, puisqu'il s'agit de sauver la France, de venger notre pays envahi par des hordes de dévastateurs.

» Pour nos nouveaux efforts, il faut l'ordre, l'obéissance, la discipline; mon devoir est de l'exiger de tous, je n'y faillirai pas. La France compte sur votre patriotisme, et moi, qui ai l'insigne honneur de vous commander, je compte sur votre courage, votre dévouement.

» *Le Général en chef*,

» Signé : CHANZY. »

Dans la nuit du 15 au 16, troupes, cavaliers, artillerie, convois, arrivent à Montoire par la route de Vendôme. La division du général Maurandy, entendant le bruit occasionné par l'arrivée de ces troupes, se rend au lieu de la réunion (il était deux heures du matin). Ordre est de suite donné de se tenir prêt ; on doit marcher sur Vendôme à quatre heures. Les 1er et 2e bataillons et la moitié du 3e bataillon restent à Montoire pour la défense de cette ville, et l'autre moitié du 3e bataillon est, de suite, envoyée en éclaireurs sur les hauteurs de la route de Château-Renaud, sous le commandement du capitaine Paris qui avait sous ses ordres MM. Clais et Rousset, lieutenants, et Vignolle, sous-lieutenant; plusieurs reconnaissances furent faites et ne donnèrent aucuns résultats. A dix heures, l'autre moitié du 3e bataillon vint nous relever et resta une heure en observation. A midi, l'appel fut fait sur la place de la ville; les généraux Barry, Peytavin et Maurandy venant du côté de Vendôme, avec leurs escortes, arrivèrent à Montoire au galop; les habitants, étonnés, étaient saisis de frayeur; ces généraux furent voir les hauteurs de la ville et revinrent à une heure. Ordre fut donné de prendre la route du Mans; route suivie au moment du départ; à une lieue de Montoire, on traversa les champs pour gagner une grande plaine où l'on campa. La nuit ne fut pas un repos pour le 8e mobiles qui, campé dans la boue et dans la neige, ne pouvant allumer ses feux, eut énormément à souffrir du froid et de l'humidité.

Le 17, à une heure et demie du matin, détonation très forte; la division fut vite debout (les ponts sautaient). A sept heures, on partit à travers champs, le temps était brumeux et ne facilitait guère notre marche; on traversa le grand bois en avant de Saint-Quentin, dans lequel se trouve un magnifique château (le château de Lafosse appartenant au citoyen Girard), où les généraux et l'état-major couchèrent la nuit du 16 au 17. La division, passant à Saint-Quentin, Trôo, Sougé, arriva à Pont-de-Braye, prit la direction de la route de Saint-Calais et alla camper au camp de César.

Le 18, à deux heures du matin, réveil (le départ n'eut lieu qu'à cinq heures). Les troupes marchèrent toute la journée, elles passèrent à Pont-de-Braye, Poncé, Ruillé, L'Homme, Chahaignes, et arrivèrent fort tard à Jupilles, après avoir souffert la faim et la soif (les distributions n'ayant pas été faites). Le régiment alla camper à deux kilomètres de Jupilles, dans la forêt de Bersay, et organisa ses grand'gardes et sa garde de police.

Le 19, rien de nouveau. Revue du lieutenant-colonel.

Le 20, le froid est si violent que les hommes tombent malades.

Le 21, plusieurs compagnies ont des hommes gelés, il en meurt un certain nombre (18° au-dessous de zéro).

Le 22, il arrive quelques centaines d'hommes, de ceux qui s'étaient égarés après Orléans et les autres affaires.

Le 23, au point du jour, nous apercevons un ballon qui a toute tendance à descendre dans la forêt (il venait, disait-on, de Paris); lorsqu'il fut à une distance de 700 mètres au-dessus du sol, il dut apercevoir les feux des régiments campés dans la forêt. Supposa-t-il que l'ennemi occupait le terrain? C'est plus que probable, car on le vit s'élever dans les airs avec une incroyable rapidité et prendre la direction du Mans.

Le 24, exercice et lecture aux troupes de l'ordre suivant :

« Relevé de mes fonctions par décision ministérielle du 14 décembre 1870, je remets, à partir d'aujourd'hui, le commandement de la 3e division du 16e corps à M. le lieutenant colonel Jobey, du 40e régiment de marche.

» Je ne veux pas quitter mon commandement sans remercier les chefs de corps et de service et les officiers de tous grades du concours empressé qu'ils m'ont donné dans les circonstances difficiles où nous nous sommes trouvés ensemble.

» Je conserverai toujours précieusement le souvenir des témoignages de regret et d'affection qu'ils m'ont donnés en me faisant leurs adieux.

» Jupilles, le 23 décembre 1870.

» *Le Général commandant la 3e division du 16e corps,*

» Signé : MAURANDY. »

Le 25, toutes les troupes sont consignées; on doit prendre l'offensive ; des reconnaissances sont envoyées dans toutes les directions; on attend.

Le 26, par décision du général Barry, nomination du lieutenant Rousset au grade de capitaine, du sous-lieutenant Vignolle au grade de lieutenant et commandant de compagnie, et du sergent-major Amblard au grade de sous-lieutenant. Le 1er bataillon, plus favorisé que les deux autres, va cantonner au château de la Piletière où il ne fait qu'un court séjour (quarante-huit heures à peine).

Le 27, il arrive, à Jupilles, 350 hommes du dépôt de La Rochelle, armés de l'ancien fusil, sous le commandement du capitaine Clais; une partie cantonne dans l'église, l'autre campe.

Toute la journée on a entendu une forte canonnade; l'ennemi était à Montoire où il avait été battu par le général Jouffroy qui le poursuivait dans la direction de Château-Renaud.

Le 28, ordre de départ; notre régiment fait partie de la 2e brigade de la 2e division, sous le commandement du général Barry. Le 8e mobiles quitta la forêt de Bersay à neuf heures du matin. Le 1er bataillon partit de son cantonnement de la Piletière pour aller occuper celui de la Maladrerie; le 2e, pour L'Homme, avec une moitié du 3e bataillon; l'autre moitié du 3e bataillon (1re, 2e et 3e compagnies), à plusieurs kilomètres de L'Homme, au château de la Gidonnière, appartenant à la marquise Duprat, sœur du fameux ministre, duc de Grammont.

Le 29 décembre 1870, le capitaine Paris, remplissant les fonctions de commandant, vint, dans la soirée, donner l'ordre aux trois premières compagnies du 3e bataillon de se porter en avant, à Pont-de-Braye, bifurcation des routes de Saint-Calais, Montoire et le Mans; on y arriva fort tard. Ce détachement comptait 175 hommes; il était commandé par MM. Diard, capitaine de la 1re compagnie, Vignolle, lieutenant, commandant la 2e et Rousset, capitaine de la 3e. Dès que l'on fut arrivé, on prit les dispositions nécessaires pour assurer la mission qui nous était confiée; l'ennemi était signalé ayant ses avant-postes à Sougé (quatre kilomètres de Pont-de-Braye) le 27. Il y avait à ce moment-là un poste de quelques soldats de ligne du 36e de marche; ils retournèrent à leur régiment en nous laissant seize prisonniers qui étaient arrivés dans la soirée, par la route de Saint-Calais; ils furent le lendemain conduits à la division, à Chahaignes.

Le 30, les reconnaissances du détachement reviennent sans avoir vu l'ennemi; MM. Rousset et Vignolle, ayant reçu l'ordre, dans la nuit du 29 au 30, de se rendre à l'état-major, à L'Homme, partent aussitôt leurs reconnaissances faites. En route, ils apprennent la destitution du lieutenant-colonel Vast-Vimeux. Le régiment regretta vivement le départ du lieutenant-colonel, qui ne méritait pas pareille disgrâce. Ces deux officiers, après avoir reçu des ordres, retournèrent à Pont-de-Braye les communiquer au capitaine Diard.

Il fut donné connaissance à MM. les officiers du régiment des témoignages d'estime et de regrets exprimés au lieutenant-colonel Vast-Vimeux, au moment de son départ, par le général Barry et par l'amiral Jauréguiberry, commandant le 16e corps. Voici les pièces :

« *Le Général commandant la division au colonel Vast-Vimeux.*

» Chahaignes, 29 décembre 1870.

» Je ne puis mieux faire, mon cher Colonel, pour vous exprimer ce que je pense de l'inqualifiable mesure qui vous frappe, que de vous envoyer copie de la lettre que j'adresse à ce sujet au général commandant le 16e corps. Si l'estime de vos chefs et de vos troupes peut être une consolation pour vous, vous devez être tout consolé.

» Quant à moi, je vous serre la main de tout cœur et vous renouvelle l'assurance de mes affectueux sentiments.

» *Le Général,*

» Signé : BARRY. »

« Monsieur l'Amiral,

» J'ai fait notifier à M. le colonel baron Vast-Vimeux, du 8e mobiles, la décision ministérielle qui lui enlève son commandement et le met en non activité, hors cadres, sans solde, jusqu'à son replacement. Je vous transmets ci-jointe la protestation que m'a adressée le colonel Vast-Vimeux au sujet de cette mesure. Je ne puis, en ma qualité de chef direct du colonel, que joindre ma protestation la plus énergique à celle de ce brave et digne chef de corps dont la conduite, depuis le commencement de la campagne, a été de tout point irréprochable; dont le régiment, le seul peut-être resté compacte et en ordre au moment de la retraite du 4 décembre, m'a sauvé des mains des uhlans dans les lignes de Boulay; qui possède au plus haut degré la confiance de ses mobiles, et qui se voit enlever son commandement pour ainsi dire sous le feu de l'ennemi, sans même qu'on prenne la peine de lui faire connaître les motifs d'une mesure qui le frappe inopinément, en dehors de toute règle et de toute initiative de ses chefs.

» Je ne crains pas, Monsieur l'Amiral, dans une telle circonstance, ou plutôt en présence d'une telle énormité, de faire appel à votre esprit de justice et à votre énergique sollicitude pour vos subordonnés, pour détourner, s'il est possible, du colonel Vast-Vimeux un aussi sanglant outrage, et j'autorise, en attendant, ce chef de corps à se présenter à vous et au général en chef pour protester personnellement.

» *Le Général de division*
» *commandant le corps d'observation à La Châtre,*
« Signé : BARRY. »

« Pontlieue (Le Mans), 30 décembre 1870.

» Mon Général,

» J'ai l'honneur de vous transmettre une dépêche de M. le général Barry, au sujet de la mise en non activité de M. le lieutenant colonel baron Vast-Vimeux, du 8e mobiles. Je joins à cette lettre la protestation formulée par M. Vast-Vimeux lui-même contre la mesure qui le frappe.

» J'ignore pourquoi un officier supérieur est ainsi atteint dans son honneur au moment où il combat énergiquement pour la délivrance de notre patrie; mais quand je lis le témoignage que le général Barry rend à la bravoure, au dévouement du commandant du 8e régiment de mobiles, je ne puis m'empêcher de m'élever avec indignation contre un acte qui prive mon corps d'armée d'un de ses plus vaillants officiers, sans que ce dernier ait été appelé à combattre lés calomnies dont il a été probablement l'objet.

» Ce n'est pas au moment où la France a besoin du désintéressement et du courage de tous ses enfants, que les hommes de cœur, de loyauté, qui, en si grand nombre, abandonnent tout pour sa défense, doivent se voir attaqués, sans connaître d'où partent les coups qui les frappent. Je demande donc que M. le lieutenant colonel baron Vast-Vimeux soit maintenu à la tête de son corps et surtout mis en mesure de réfuter les accusations dont il a sans doute été l'objet.

« Signé : Vice-Amiral JAURÉGUIBERRY. »

Le 31, la canonnade s'était fait entendre; l'engagement avait été sérieux; la division du général de Jouffroy, après avoir vivement attaqué l'ennemi, occupait les positions en avant de Vendôme (rive droite). Le détachement de Pont-de-Braye (3e bataillon), reçut ordre de se tenir prêt au premier signal.

Après le départ du lieutenant-colonel, le commandant Dumontet, le plus ancien officier du régiment, prit le commandement du 8e mobiles; le 31, il reçut l'ordre de former une colonne de 700 mobiles qui furent pris, ainsi que MM. les Officiers, dans chaque bataillon. Le commandement en fut confié à M. le capitaine Paris.

Cette colonne partit le 1er janvier 1871, fit partie de la brigade du lieutenant-colonel Jobey, marcha plusieurs jours du côté de Château-Renaud, Montoire, Vendôme et Saint-Calais ; elle se battit les 6, 7 et 8 janvier.

Le 1er janvier, le détachement de Pont-de-Braye n'eut rien à signaler.

Le 2, il nous arriva des prisonniers (hanovriens) au nombre de trente-cinq, parmi lesquels se trouvait un officier ; on les conduisit à la division, à Chahaignes.

Le 3, dans la soirée, 450 blessés, tant français que prussiens, passèrent à Pont-de-Braye, les uns dans des voitures d'ambulances, d'autres sur des cacolets; ils allèrent à Chahaignes et, quelques jours après, ils étaient dans les hôpitaux du Mans. Ce même jour, une voiture, contenant deux médecins-majors prussiens et un major français, passa à Pont-de-Braye ; elle y fut arrêtée, mais le major français ayant montré un laissez-passer pour se rendre au Mans, près du général Chanzy, pour réclamer différents objets de chirurgie pris aux docteurs prussiens, à Vendôme, sur le champ de bataille, le capitaine du détachement leur laissa le passage libre ; le 5, ils repassaient avec un laissez-passer, signé du général Chanzy, pour se rendre à Château-Renaud. Je n'ai jamais pu comprendre qu'on laissât parcourir nos lignes à nos ennemis ; étant chef de poste, ce jour-là, je fis arrêter la voiture et j'envoyai prévenir le commandant Dumontet de ce qui se passait. Trois heures après je recevais l'ordre verbal de les laisser passer. Ma conviction a toujours été que ces trois docteurs étaient des espions.

Le 4, le capitaine Blay, qui avait laissé le régiment le 1er décembre, à Sougy, revint prendre le commandement de sa compagnie ; il fut très froidement accueilli par nous tous.

Le 5, rien à signaler.

Le 6, à trois heures du soir, plusieurs spahis, fuyards, c'est le mot, arrivent à Pont-de-Braye et nous annoncent la prise de Montoire par une colonne prussienne, venue de Blois, forte de 10 à 12,000 hommes et de 3 batteries. Quelques heures auparavant était aussi passé, à Pont-de-Braye, un régiment de hussards, commandé par le lieutenant-colonel Noirtin, se dirigeant sur Sougé. Le détachement du 8e mobiles (3e bataillon) établit, ce soir-là, des avant-postes entre Trôo et Sougé et sur le Loir.

A huit heures du soir, l'arrivée des Prussiens à Montoire nous fut confirmée par un officier de mobiles, déguisé en paysan, chargé d'une mission par le général Chanzy. A son grand regret, il n'avait pu réussir à se rendre à l'évêché de Blois, poste qui lui était assigné. Il était porteur d'un petit papier, de deux centimètres carrés, de la forme suivante et enroulé dans un second papier.

ARMÉE DE LA LOIRE.
MM. les officiers de tous corps de l'armée de la Loire et officiers civils ont l'ordre de laisser passer le nommé RENOUARD, officier de mobiles de l'Eure-et-Loir, et de l'aider en cas de besoin.
CHANZY.
Général en chef.

La pièce que nous présenta cet officier paraissant à quelques-uns de nous suffisante, d'un commun accord nous nous empressâmes de mettre à sa disposition tout ce dont il avait besoin ; il causa un instant avec nous, puis exprima le désir d'aller se reposer. Dès qu'il fut parti, j'expliquai aux officiers du détachement que la signature du général Chanzy, apposée sur la pièce, était tout à fait différente de celle que j'avais vue sur le laissez-passer des docteurs le 3 janvier ; qu'il y avait lieu de se mettre sur ses gardes, l'une des deux pièces pouvant être fausse. Je demandais au capitaine du détachement l'autorisation d'aller à Sougé prendre des informations près du lieutenant-colonel Noirtin. Cet officier supérieur me fit la réponse suivante : « Il n'y a nullement à s'occuper de cet officier ; il possède la série des mots d'ordre « du mois de janvier ; je ne comprends pas qu'un lieutenant se permette de faire « pareille supposition. » Il m'invita à me retirer et à lui laisser la carte d'état-major que je possédais.

Dans la nuit du 6, le général Barry donna l'ordre au lieutenant-colonel Noirtin de prendre une compagnie du détachement de Pont-de-Braye, pour partir le lendemain 7, avec un peloton de son régiment, faire une reconnaissance.

Le 7, à cinq heures du matin, la 2e compagnie du 3e bataillon alla se mettre à la disposition du colonel de hussards.

Un peloton de hussards et la compagnie de mobiles partirent, allèrent jusqu'à Saint-Quentin et revinrent par le Loir, sans avoir vu les Prussiens.

A quatre heures du soir, le lieutenant-colonel de hussards envoya l'ordre à la 2e compagnie de mobiles, qui était à sa disposition depuis le matin, de se porter, à un kilomètre de Saint-Quentin, et d'attendre. A six heures, cette compagnie était rendue au poste indiqué ; quelques instants après, le régiment de hussards arriva ; on fit partir plusieurs pelotons en reconnaissance, qui retournèrent sans avoir rien vu. Le régiment de hussards se replia à Sougé, laissant en grand'garde la compagnie du 8e mobiles et un officier de chasseurs, M. de Nexon, avec son peloton. On passa une triste nuit ; le temps était excessivement froid.

Le 8, un peloton de hussards partit, à six heures, en reconnaissance et rencontra près de 150 uhlans ; un engagement eut lieu ; le nombre d'ennemis étant supérieur, le peloton se replia en tiraillant. La compagnie de mobiles, entendant la fusillade, se porta en avant et, se plaçant en tirailleurs, dans les champs, soutint la retraite jusqu'à Sougé ; quantité de uhlans se dispersèrent, le long du Loir, prenant la direction de La Châtre. Le lieutenant-colonel Noirtin donna ordre de se retirer derrière Pont-de-Braye ; le capitaine Diard, qui se trouvait à ce poste, avait pris les précautions nécessaires pour protéger cet endroit (il avait reçu du général Barry, dans la nuit du 7 au 8, l'ordre de défendre à outrance ce passage). Le lieutenant-colonel Noirtin lui donna l'ordre de suivre le mouvement et de se replier avec son détachement jusqu'à Ruillé. Le capitaine Diard ne l'exécuta qu'après avoir pris connaissance d'un ordre écrit du général Barry, consistant à défendre Ruillé et à abandonner Pont-de-Braye. La 4e compagnie du 3e bataillon était allée, le matin, dans la direction de Bessé, elle revint à Ruillé, à midi.

Toutes les troupes étant réunies à Ruillé, le détachement du 3e bataillon se plaça en tirailleurs sur les hauteurs qui dominent la route de Montoire et le Loir. A peine les positions furent-elles prises qu'une vive fusillade eut lieu. Le capitaine Blay, seul officier à commander sa compagnie, montra, au commencement ds cette bataille, la même conduite que le 1er décembre 1870, il abandonna son poste en faisant replier ses hommes sans en avoir reçu l'ordre ; il fut immédiatement rappelé et vertement par le capitaine Diard et retourna occuper son poste. Le détachement du 3e bataillon de mobiles, en première ligne, se battit avec vigueur pendant plus de deux heures. Le lieutenant Roy de Loulay, de la 4e compagnie du 3e bataillon, fit encore preuve de lâcheté ; il s'abritait derrière les arbres et avait l'audace de faire placer des mobiles devant lui et de les faire tirer tout en se cachant derrière eux. Ce fait est exact, je l'affirme sur l'honneur. J'adressais, le soir, au commandant Dumontet, sur la conduite de cet officier, un rapport auquel il s'empressa de ne pas donner suite.

Les quatre premières compagnies du 3e bataillon, en première ligne, avec une compagnie de ligne, ne pouvant résister aux forces de l'ennemi, se replièrent en continuant leurs feux et rencontrèrent plusieurs compagnies du 2e bataillon, qui étaient en partie composées d'hommes munis du fusil modèle 1842, commandées par le commandant Dumontet qui ce jour, on peut le dire hautement, ne montra aucune capacité militaire. Dans cette journée, les sous-officiers Bergeron et Vigier se distinguèrent.

Sur la route de Ruillé se trouvaient deux mitrailleuses, commandées par le capitaine Rémond; elles balayaient les Prussiens, qui arrivaient en colonnes serrées. Étant sur les hauteurs, on voyait des Prussiens, tués et blessés, entassés les uns sur les autres à une hauteur de cinquante centimètres au-dessus du sol.

L'artillerie prussienne avait pris position du côté du Loir; elle essaya à plusieurs reprises de démonter nos deux mitrailleuses; elle n'y parvint pas, la distance qui nous séparait était trop grande (1).

Les troupes qui venaient de se battre se dirigèrent sur Chahaignes. Le général Barry fit replier le 8e mobiles sur Jupilles.

Dans cette journée, le régiment eut 50 hommes tués, 100 blessés et plusieurs prisonniers, dont quatre officiers, non pas par suite de leurs positions avancées, ainsi que le raconte M. Fradet dans sa petite brochure, c'est là une grave erreur; MM. Robert, Gruel-Villeneuve et Boutin, se trouvant fatigués et ne pouvant plus suivre, furent faits prisonniers; ce fait est positivement connu; un seul officier, M. Dussault, était avancé, avec le détachement composé des quatre premières compagnies qui étaient ce jour-là en première ligne; M. Dussault, à peine guéri de sa blessure du 2 décembre, ne put continuer à suivre la colonne et fut fait prisonnier.

Le vaillant capitaine Blay fut tué, non à la tête de sa compagnie, comme le dit encore M. Fradet, dans sa brochure, il était trop peureux pour mourir avec ses hommes; cet officier se trouvait très fatigué, d'après ce qu'il dit, à trois heures du soir, au capitaine Diard et au lieutenant Vignolle; à ce moment-là, il venait de quitter sa compagnie et prenait la direction d'une ferme hospitalière (???); c'est dans ce court trajet qu'il fut atteint par une balle qui le tua.

Cette mort est regrettable pour sa famille, mais heureuse pour lui. Si les règlements militaires (loi martiale) eussent été mis en vigueur au 8e mobiles, le capitaine Blay méritait d'être fusillé pour avoir abandonné son régiment le 1er décembre 1870 et, le 8 janvier 1871, au commencement de l'action, avoir voulu fuir.

Je regrette d'être forcé de citer ces faits qui, malheureusement, ne sont que trop vrais; mais lorsque M. Fradet se croit obligé de féliciter un homme qui a tourné le dos à l'ennemi, tout citoyen français doit être indigné. Mon devoir à moi est donc de protester énergiquement. Je défie les officiers, sous-officiers et soldats du régiment de me dire que je suis dans l'erreur sur ce que je raconte; j'ajouterai même qu'à la fin de décembre 1870, à Jupilles, le lieutenant-colonel Vast-Vimeux a dit à ses officiers que le général Maurandy voulait faire fusiller le capitaine Blay pour sa conduite du 1er décembre 1870, et que la gendarmerie était à sa recherche.

---

(1) Les Prussiens surent, comme ils l'ont fait durant toute la campagne, dérober leur nombre par leurs mouvements. Le lieutenant-colonel Noirtin avait annoncé aux officiers du 8e mobiles que les forces de l'ennemi s'élevaient à environ 7 à 800 hommes et quatre canons. L'entrain du régiment fut très grand, et nous considérions le 8 janvier comme un beau jour; c'était la première fois que nous allions lutter à forces égales.

Mais que notre déception fut grande, lorsque au milieu de la lutte nous vîmes des masses considérables qui nous obligèrent à battre en retraite. Quelques jours plus tard, nous sûmes par MM. David, chirurgien, et Kutt, aumônier, qui furent faits prisonniers, que les forces de nos ennemis étaient de 15,000 Prussiens et quarante-cinq canons.

A la rigueur, le lieutenant-colonel Vast-Vimeux peut attester ce que j'avance.

Pendant qu'une partie du 3e bataillon se battait à Ruillé, soutenue par les trois dernières compagnies de ce bataillon et quelques compagnies du 2e bataillon, la colonne mobile, sous le commandement du capitaine Paris, composée de 700 hommes, ayant en majeure partie des officiers du 3e bataillon, essuyait, les 6, 7, 8 janvier, des engagements sérieux à Villeporcher et aux environs; ils forcèrent l'ennemi à reculer en l'abordant à la baïonnette. Le brave capitaine Paris fut blessé grièvement; malgré la gravité de sa blessure, il encouragea ses hommes et donna son commandement au capitaine Desage. A Villeporcher, plusieurs officiers et sous-officiers des postes avancés : MM. Legendre, Clais, Leberthon, Saint-Marsault, Delage de Luget, et les sergents-fourriers Gillardeau et Bénard firent preuve d'intrépidité et de courage.

Dans la nuit du 8 au 9 janvier, le général Barry, qui avait son quartier général à Chahaignes, envoya l'ordre au commandant Dumontet de se rendre à Chahaignes avec tout son régiment. Le 9 janvier, à quatre heures, le clairon sonna ; les mobiles, qui avaient campé avec une partie de leurs officiers dans la forêt de Bersay, furent immédiatement prêts; le 1er bataillon, commandé par M. Fradet, se forma de suite. Les deux premières compagnies du 3e bataillon, sous le commandement du lieutenant Vignolle, seul officier présent pour la fraction de ce bataillon, se formèrent et partirent. Ce jour-là, il faisait très froid; le sol était couvert de neige.

Le 2e bataillon resta à Jupilles avec quelques compagnies du 3e bataillon. Pourquoi le commandant Dumontet, après en avoir reçu l'ordre formel, ne vint-il pas avec nous, et ne s'est-il pas trouvé au moment du départ d'une partie de son régiment?..... (Il n'a pu l'expliquer le lendemain 9, à Écommoy, au général Barry.)

Dès l'aube, le 1er bataillon et les deux premières compagnies du 3e bataillon arrivèrent à Chahaignes (12 kilomètres de Jupilles). Les trois compagnies de droite du 1er bataillon furent détachées pour protéger l'artillerie, les trois compagnies de gauche furent déployées en tirailleurs; les deux compagnies du 3e bataillon prirent seules position en avant du cimetière. Dès que l'on fut en ligne, on fut attaqué. Les forces que le général Barry opposait à l'ennemi étaient de 3,000 hommes : le 31e de marche, un détachement du 38e, quelques compagnies de chasseurs à pied, une partie du 8e mobiles et une compagnie de la Mayenne. L'artillerie se composait de quatre canons et deux mitrailleuses; celle de l'ennemi était très forte, plus, près de 10,000 Prussiens. Malgré ce nombre supérieur, on se battit jusqu'à dix heures et demie. Notre résistance étant inutile, la division dut battre en retraite.

Le 1er bataillon contourna la forêt de Bersay, en passant derrière Chahaignes, et s'arrêta le soir à la Piletière où il coucha. Les deux compagnies du 3e bataillon escortant l'artillerie traversèrent la forêt de Bersay avec l'état-major du général Barry, et arrivèrent à deux heures à Jupilles. Ce général donna l'ordre à l'officier commandant ces deux compagnies de se rendre à Écommoy le même soir. Après avoir fait une halte d'une heure, elles partirent, passèrent par Marigné, et arrivèrent à la nuit à Écommoy. Le commandant Dumontet, avec une partie du régiment, était rendu depuis longtemps; il me demanda différents renseignements sur la journée. Je lui exprimai le mécontentement que le général avait manifesté de ne voir au combat de Chahaignes qu'une portion du 8e mobiles. Cela parut l'inquiéter énormément. L'ordre étant d'attendre et de se tenir prêt le lendemain de bonne heure, les hommes couchèrent chez l'habitant. Dans la nuit, le clairon sonna plusieurs fois; les troupes qui étaient à Écommoy depuis un ou deux jours se dirigèrent sur le Mans.

Le 10, à quatre heures du matin, une partie du 8e mobiles était sur la place de la ville. A cinq heures, le général Barry arriva avec son état-major. Voyant le

8e mobiles sur le point de partir, il fit demander le commandant Dumontet. Ici, il est nécessaire de rappeler l'entretien suivant :

Le général Barry : Pourquoi, commandant Dumontet, n'avez-vous envoyé hier matin qu'une partie de votre régiment?

Dumontet (tremblant de tous ses membres) : Mon... mon général, j'ai fait partir à quatre heures les hommes qui étaient les premiers prêts, et à neuf heures, ayant rassemblé l'autre partie, j'ai marché sur Chahaignes. Là, j'ai rencontré différentes troupes qui se repliaient; j'ai fait comme elles. Maintenant, mon général, je suis à votre disposition, et je n'attends que des ordres.

Le général Barry accueillit cette réponse très froidement, et lui répondit : « Votre » conduite n'est pas belle; étant prévenu à l'avance, vous deviez prendre vos pré- » cautions et venir avec votre régiment (1). »

Le général avait raison. Le commandant Dumontet était couché chez l'instituteur de Jupilles lorsqu'une partie de son régiment alla à Chahaignes; il eut l'audace, en présence de MM. les officiers Diard, Rousset, Vignolle et plusieurs mobiles, de dire ce qu'il n'avait pas fait. Son mensonge ne lui a servi à rien ; le général connaissait sa triste conduite de la veille. Le commandant Dumontet quitta Jupilles à onze heures du matin sans aller secourir les troupes qui se battaient à Chahaignes.

Le commandant Dumontet était passible de la cour martiale; on n'y eut pas recours; au 8e mobiles, des exemples étaient nécessaires. *Mais justice, où donc étais-tu? Et toi, discipline militaire, que tant de soldats ont invoquée, qu'étais-tu devenue?*

Le général Barry alla à la mairie, prit connaissance des cartes qui s'y trouvaient, et donna l'ordre aux troupes de sa division d'être prêtes à onze heures et demie. Les hommes se reposèrent, et à l'heure indiquée se mirent en marche, passant par Saint-Ouen-en-Belin; puis, par des chemins de traverse, on arriva à la nuit à Parigné-le-Polin. Dès notre arrivée, une grand'garde fut établie à la ferme du Grand-Rosier, à 3 kilomètres de Parigné-le-Polin; elle fut montée par les deux premières compagnies du 3e bataillon.

Le **11**, il a neigé toute la nuit; les hommes ont peu dormi; il y a 0,50 de neige sur le sol; les compagnies de grand'garde envoient à Parigné-le-Polin les sergents-majors au rapport. A neuf heures, nous avions l'ordre suivant : « Partir au premier » signal, distribution de vivres pour quatre jours. » Les hommes de corvée partent de suite chercher les vivres; à leur retour, ils nous apprennent que le régiment est parti.

Le commandant Dumontet avait oublié de demander à son adjudant-major s'il était venu nous communiquer l'ordre de quitter la grand'garde (de pareils oublis ne devraient jamais avoir lieu). Les deux compagnies partent aussitôt, et rencontrent le régiment sur la route d'Arnage, à 10 kilomètres du Mans. Le commandant est content de nous voir arriver et s'excuse de son oubli (il était bien temps).

Le commandant Fradet et son bataillon, après avoir quitté la Piletière, se dirigèrent sur Mayet et Requeil, et se trouvèrent en même temps que le 2e et le 3e bataillon à Arnage.

A midi, le 8e mobiles occupait les positions suivantes : une partie des 1er et 2e bataillons se plaça dans les bois qui sont autour de la Gaillardière, l'autre occupa les tranchées qui y avaient été faites; le 3e bataillon alla plus en avant, et

---

(1) Le général Barry, actuellement général de division, commandant la 2e division d'infanterie du 6e corps d'armée à Lyon, peut affirmer le fait que je cite.

se plaça dans les bois situés à l'entrée du chemin aux Bœufs, à environ 15 kilomètres de la Tuilerie.

La canonnade se faisait entendre fortement; les obus commençaient à pleuvoir; une partie des troupes, placées à 2 kilomètres en avant de nous, tiraient sans cesse.

A quatre heures, le général Barry envoya le 3e bataillon en avant, sous le commandement du capitaine Diard. Le reste du régiment suivit le mouvement. On rencontra différents mobiles en train de se chauffer, de manger; ils ne se préoccupaient de rien, et ne pensaient pas au danger qu'ils couraient. Après avoir parcouru 1,000 à 1,200 mètres, nous reçûmes quantité de balles et obus; nous ne pûmes y répondre; il y avait devant nous des régiments en ligne de bataille; on se plaça dans les bois, à droite et à gauche, attendant. La canonnade et les feux de peloton continuèrent pendant toute la nuit. Ils passaient à chaque instant des cacolets emportant des blessés. Grand nombre de mobiles et mobilisés allèrent à la gare d'Arnage chercher des fusils et des munitions. Plusieurs officiers du 8e mobiles firent observer au commandant Dumontet que les hommes du régiment avaient très peu de munitions; il ne fit aucune démarche pour en faire distribuer à son régiment. Entre huit et neuf heures, des cris de *hurrahs* se firent entendre; la position des Tuileries était au pouvoir de l'ennemi, elle venait d'être abandonnée par les troupes mobilisées de Bretagne. Pendant ce temps, les deux détachements du 8e mobiles, faisant partie des colonnes Jobey et de Curten, qui avaient fait, le 9 janvier, leur jonction à Château-du-Loir, avaient marché sur le Mans sous la conduite de l'amiral Jauréguiberry. Ils couchèrent le 10 à Écommoy, d'où ils partirent le 11 à deux heures du matin. Peu d'heures après, la canonnade se faisait entendre : c'était la grande bataille du Mans. Les détachements du 8e mobiles, placés toute la journée en réserve, furent chargés à huit heures du soir d'attaquer la position des Tuileries, que les mobilisés de Bretagne venaient d'abandonner à l'ennemi. Le général Isnard de Sainte-Lorette prit le commandement de la colonne d'attaque à gauche, composée de 1,500 hommes à peine. Après une vive fusillade échangée de part et d'autre, il fallut se replier sans avoir obtenu de résultat sérieux. Dans cette lutte, les officiers supérieurs de cette colonne ont remarqué l'attitude ferme et énergique du sous-lieutenant Boscals de Réals entraînant ses mobiles vers la Tuilerie. Un sérieux effort fut fait pour la reprendre par les divisions des généraux Jouffroy et de Roquebrune placées en première ligne à droite, lesquelles ne purent y parvenir par suite des forces considérables de l'ennemi. — On resta toute la nuit dans la plus grande inquiétude.

Le 12 janvier, à la pointe du jour, la fusillade recommença; on attendait à chaque instant le moment d'aller en avant. A huit heures, on nous fit avancer et prendre d'autres positions; à onze heures, l'ordre de se replier fut donné. Toutes les troupes arrivèrent à la gare d'Arnage, et prirent la direction de la route parallèle au chemin de fer. Pendant ce trajet, qui dura deux heures, plusieurs obus tombèrent à peu de distance de nous. Des mobiles bretons, qui étaient en avant de la colonne, s'enfuient, laissant sacs, fusils et munitions; plus leurs officiers les rappelaient, plus ils s'enfuyaient. On atteignit enfin les bords de la Sarthe, distants de 1,000 à 1,200 mètres du pont du chemin de fer qui conduit au Mans; les hauteurs qui dominent la ville étaient déjà occupées par l'ennemi. Les soldats qui nous précédaient passèrent sur le pont déjà miné; ils tirèrent sur quelques Prussiens qui se trouvaient sur l'autre pont, et à une distance de 3 ou 400 mètres. Après avoir tiraillé pendant quelques instants, ces troupes se replièrent sur le Mans.

Le 8e mobiles approchait du pont, que l'on ne pouvait atteindre qu'en montant un talus couvert de neige, dont la pente était fort raide; il se passa alors dans le régiment un fait trop grave pour que je l'oublie. Deux officiers firent preuve de lâcheté : M. Roy de Loulay, toujours peureux quoique possédant une cuirasse, abandonna sa compagnie, alla trouver le commandant Dumontet qui était à la tête du régiment, lui fit entrevoir que le danger était sérieux, qu'il ne fallait pas passer comme les autres troupes sur le pont. Le commandant Dumontet se contenta de rejeter sa demande, au lieu de décharger son revolver sur ce triste personnage, dont les antécédents depuis le début de la campagne avaient été si mauvais.

Lorsque le régiment était sur la hauteur du talus et passait sur le pont, il y avait encore sur l'autre pont des Prussiens; on répondit à leurs feux. Pendant ce temps, un autre officier du régiment, M. de Dampierre, avec quelques hommes de sa compagnie, suivait la direction de M. Roy de Loulay. M. Rousset, capitaine du lieutenant de Dampierre, le revolver à la main, invita cet officier à le suivre; il ne l'écouta pas. Ces deux officiers, qui fuyaient, entraînèrent une cinquantaine d'hommes, et furent obligés, après avoir fait 150 mètres, de remonter le talus qu'ils avaient voulu éviter. Là, par leur propre faute, ils eurent plusieurs hommes tués; d'autres se bousculèrent, tombèrent dans la Sarthe où ils se noyèrent. Ces deux indignes officiers, voulant rattraper le régiment, laissèrent la plupart de leurs hommes en route; ils firent les malades (cela leur fut facile, ils savaient bien jouer la comédie). Voilà quelle a été la conduite de ces deux officiers; je dirai même plus : que M. Roy de Loulay rencontra, le 13 janvier, M. Alfred Blanchard, aumônier du régiment, lequel était blessé à la hanche des suites d'une chute. Cet aumônier, malgré ses souffrances, voulut accomplir la mission dont il s'était chargé, et ne voulut pas profiter d'un billet pour entrer à l'ambulance. M. Roy de Loulay, homme sans cœur, sans amour-propre, engagea cet aumônier à prendre ce billet, à le faire porter en son nom, et offrit une somme de 500 fr. M. Blanchard rejeta cette demande avec dédain, et eut le mépris le plus grand pour cet officier. Ce dernier fait m'a été raconté par M. Blanchard (1).

Durant les deux jours de combats autour du Mans, le régiment eut 50 hommes tués, plusieurs blessés et quelques prisonniers. Le régiment arriva à la gare du Mans et suivit la route prise par les autres corps (route de Laval). En chemin, l'amiral Jauréguiberry donna l'ordre au commandant Dumontet de prendre la direction de Laval. Halte fut faite au village de Chauffourd; puis, à la nuit, on arriva à Coulans. Beaucoup de troupes étaient rendues avant nous; aussi fut-on dans l'impossibilité de trouver des logements. Le régiment passa la nuit sur le bord de la route, faisant de petits feux.

Le 13, à sept heures, le régiment part. Le commandant Dumontet est parti; il a devancé le régiment, dit-on, afin de lui assurer des logements. Le capitaine Fradet prend le commandement du régiment. Après trois heures de marche dans la neige, les hommes étaient si fatigués, que l'on s'arrêta à Longne un instant; ils profitèrent de cette courte halte pour se procurer à manger (chose difficile à ce moment). A dix heures et demie, le régiment se remit en marche, et à cinq heures il arriva à Saint-Denis d'Orques. Le capitaine Fradet fit faire des réquisitions. A sept heures du soir, une distribution d'une livre de pain fut faite à chaque homme; on resta cantonné dans la commune.

---

(1) Le 25 février 1871; ce fait fut porté à la connaissance de tous les officiers du régiment. Ce même jour, au presbytère de Thuré (Vienne), à la suite d'une discussion entre MM. Roy de Loulay et Blanchard, ce dernier, en présence de quelques officiers, ne ménagea pas ses paroles envers M. Roy de Loulay. — Ce fait est exact et parfaitement connu.

Le 14, à huit heures, nous quittons Saint-Denis d'Orques, et arrivons à Vaiges; distribution à une heure; les mobiles y cantonnent.

Le 15, départ à huit heures pour Laval, arrivée à trois heures. Le commandant Dumontet avec plusieurs officiers y étaient rendus vingt-quatre heures avant nous. Ces messieurs ne se sont pas occupés de chercher des logements assez grands pour le régiment; ils n'en avaient trouvé qu'un seul, situé près de la gare : l'état si mauvais dans lequel il se trouvait ne permit pas aux mobiles d'y rester, le sol du bâtiment était garni d'une couche de fumier exhalant une odeur fétide. Les mobiles, après avoir reçu l'ordre de se trouver le lendemain à huit heures près du pont du centre, allèrent se loger dans la ville.

Le 16, l'ordre était de prendre position sur la route de Château-Gontier, avec le 1er bataillon de chasseurs à pied et un bataillon d'infanterie de ligne. Le commandant du bataillon de ligne prit le commandement de cette colonne; on quitta Laval à neuf heures; à dix heures, les troupes étaient à Thévenailles (4 kilomètres de Laval). Un ordre arriva, invitant le chef de la colonne à se rendre à Laval. Les troupes s'arrêtèrent en attendant le commandant de ligne, qui n'arriva qu'à midi avec des ordres pour son bataillon seul. Il engagea les commandants de chasseurs à pied et de mobiles à suivre le mouvement des régiments qui avaient dépassé Laval. On fit demi-tour; à une heure et demie, le 8e mobiles entrait à Laval et prenait la route de Rennes. Le soir, on arriva fort tard à Saint-Berthevin. Vu l'encombrement des voitures et des troupes dans le village, le 8e mobiles n'eut pas de logement et campa dans la neige et la boue.

Le 17, le régiment quitta Saint-Berthevin à sept heures, et s'arrêta à Gravelles où des distributions furent faites; à une heure, il partit et entra le soir à cinq heures dans la ville de Vitré. Une partie du régiment logea chez l'habitant, l'autre dans l'église.

Le 18, distribution aux mobiles de différents effets d'habillement et de campement.

Le 19, à six heures, le régiment était réuni sur la place de Vitré et attendait des ordres. Le commandant Dumontet, très malade, disait-on, resta à Vitré et se rendit, je crois, à Rennes ou à Nantes, pour se remettre des nombreuses fatigues qu'il avait supportées, sans doute, par suite de trop d'intrépidité et de vigueur. Le commandement du 8e mobiles fut donné à M. Fradet qui, sur l'invitation du général commandant la ville de Vitré, le ramena à Laval. A huit heures, le régiment partit (M. Dumontet, quoique très malade assistait au départ, il est vrai que l'on n'était pas à Jupilles, 9 janvier). A Gravelle on fit halte et, le soir, on alla cantonner au village de Loiron.

Le 20, à huit heures, le régiment partit et se rendit à Saint-Berthevin, où se trouvait la division. A onze heures, on y arrivait; le régiment attendit sur la route que différentes distributions fussent faites et les cantonnements trouvés. Après avoir attendu jusqu'à cinq heures, chaque bataillon alla rejoindre le cantonnement qui lui était destiné.

Sur l'ordre du général Barry, il fut procédé au remplacement des officiers, sous-officiers et caporaux qui avaient été blessés ou faits prisonniers dans les derniers combats. Le commandant Fradet fit des propositions, favorisant ses protégés, et, le 21, on lut au régiment les nouvelles promotions. On ne remplaça pas les officiers qui étaient absents pour cause de maladie ou de fatigue (!!!) depuis le 4 décembre 1870. Y avait-il des ordres?

Parmi le nombre d'officiers absents au 8e mobiles, pendant la campagne, j'ai pu constater, avec regret, que MM. les capitaines ont été souvent malades. Quelle fatalité!... — Le 8e mobiles avait besoin de discipline et de travail, mais, avant tout, de justice, et celle-là, on peut le dire hautement, au régiment, elle n'a jamais eu lieu.

Le 22, M. Maine, nommé lieutenant-colonel du régiment, arrivé de la veille, passe le 8e mobiles en revue. Ce même jour, un député bonapartiste, M. Roy de Loulay, était venu au régiment, non pour y retrouver son fils (l'homme à la cuirasse), absent depuis la bataille du Mans; il était, je crois, chargé de commissions pour quelques mobiles de son canton, aussi profita-t-il du temps qu'il resta à Saint-Berthevin pour faire de la propagande au sujet des élections qui devaient avoir lieu incessamment. Durant son séjour, il ne se passa pas de jour qu'il n'allât visiter tous les cantonnements et n'offrit à plusieurs mobiles de l'argent; était-ce la charité qui le guidait? Qu'il me soit permis d'en douter. J'ai entendu plusieurs mobiles intelligents dire: « Voilà le père de cet officier qui a fui devant l'ennemi; si j'avais été aussi lâche que son fils, moi, pauvre moblot, n'ayant pas un père député, j'aurais été fusillé! » Cette réflexion était très juste.

Le 23, le 1er bataillon partit pour faire des tranchées sur les hauteurs du village de Laroche, à deux kilomètres de Laval.

Les 24, 25 et 26 janvier, les deux bataillons restés à Saint-Berthevin s'exercèrent chaque jour.

Le 27, le 2e bataillon reçut l'ordre d'aller rejoindre le bataillon, à Laval.

Le 28, le 3e changea de cantonnement.

Le 29, à cinq heures du matin, ordre fut donné au 3e bataillon de se tenir prêt à partir avec la division; on devait faire un mouvement. En arrivant à Laval, on apprit la notification de l'armistice signé à Versailles, la veille. La division retourna à Saint-Berthevin.

Du 30 janvier au 10 février, le 1er bataillon cantonna dans les faubourgs de Laval; le 2e et le 3e cantonnèrent à Saint-Berthevin. Ces douze jours furent employés aux exercices et aux revues.

Les élections eurent lieu le 8 février.

Le 10 février, le 16e corps quitta Laval, prenant la direction de Châtellerault, où il arriva le 22; le 8e mobiles se rendit à Thuré, à cinq kilomètres de la ville (le lieutenant Roy de Loulay, guéri de ses blessures, y rejoignit son régiment); les 1er et 2e bataillons furent cantonnés dans ce village; le 3e alla cantonner dans un vieux château en ruine, appartenant à M. de la Massardière, homme très riche, mais n'ayant pas le cœur généreux. Ce citoyen n'avait pas eu à souffrir des maux de la guerre, aussi eut-il le courage et l'audace de réclamer des bons pour le bois et la paille qu'il avait fournis aux mobiles. Est-ce là le devoir d'un Français?

Du 22 février au 6 mars, le 8e mobiles resta à Thuré, continuant à se perfectionner.

Le 25, arrivée à Thuré du commandant Dumontet; il apprend qu'il est destitué depuis peu; il proteste et fait signer sa protestation par cinq ou six capitaines du régiment; il n'osa pas demander l'appui de tous les officiers du régiment, un refus était inévitable; muni de sa protestation, il fut réclamer, à Bordeaux, et réussit à se faire nommer provisoirement lieutenant au 72e régiment de ligne, à Clermont.

Le 7 mars, on changea de cantonnement; le village de Targé, à cinq kilomètres derrière Châtellerault, nous fut désigné; on y resta jusqu'au 17, date où le régiment fit la remise de ses armes.

Le 19 mars, le 8e mobiles laissa Targé, se rendit dans la Charente-Inférieure, en traversant les départements de la Haute-Vienne et des Deux-Sèvres, et fut licencié au lieu de sa formation.

Voilà quelle fut l'histoire militaire du 8e régiment de mobiles, pendant la campagne, à l'armée de la Loire. Les mobiles de la Charente-Inférieure ont montré, chaque fois que les circonstances se sont présentées, du courage, de l'énergie et de l'intrépidité. La conduite de ce régiment, dans les batailles qu'il a soutenues, lui fait le plus grand honneur; les privations qu'il a subies prouvent de quel patriotisme il était animé; son seul désir était de sauver le pays, en criant : *Vive la France! Vive la République, une et indivisible!...*

En effet, la République, c'est l'ordre et la paix, le gouvernement de la justice et du droit; elle est donc, essentiellement, la justice pour tous et la liberté pour chacun.

Paix et République, mots synonymes aussi.

A qui profite la guerre? Quelquefois aux empereurs et aux rois, mais jamais aux peuples.

Et cependant, c'est nous, Français, qui payons de nos sueurs et de notre sang les folies des rois et des empereurs!

L. VIGNOLLE,

Lieutenant commandant de Compagnie au 3e Bataillon du 8e Régiment de Mobiles.

Le 2 décembre 1871, à onze heures, a eu lieu une cérémonie funèbre; elle s'est accomplie dans le plus grand ordre, avec le plus grand calme et le plus profond recueillement; elle était organisée par quelques officiers du 8e régiment de mobiles, en mémoire du baptême de feu qu'il recevait en 1870, à la même date, et en souvenir des nombreuses victimes que le régiment laissait sur le champ de bataille, en avant de Terminiers.

La cathédrale était tendue de noir, et à chaque pilier se trouvait attaché un trophée rappelant les dates des combats. Les organisateurs de la cérémonie n'auraient pas dû oublier de faire, non pas un trophée, mais un immense tableau portant les noms des officiers et soldats qui avaient fui devant l'ennemi.

A la nef s'élevait un catafalque recouvert d'un drap funèbre aux larmes d'argent. Le drapeau du régiment, brodé par les dames de La Rochelle, reposait au pied d'un cercueil et était voilé d'un crêpe.

Presque tous les officiers et une grande partie des mobiles étaient venus célébrer cet anniversaire.

Toutes les autorités supérieures de la ville assistaient à cette cérémonie, ainsi que tous les officiers d'artillerie et ceux du 82e régiment, en garnison.

Un piquet d'artillerie et de ligne formait la haie.

Les pompiers de la ville formaient une garde d'honneur.

La messe fut dite par M. l'abbé Cortet et MM. Kutt et Blanchard, tous trois aumôniers du régiment.

Monseigneur Thomas, entouré de tout son clergé, y assistait et a prononcé de touchantes et consolantes paroles:

« O vous tous, vaillants enfants de la France, qui avez vu la mort de si près,
» vous ne la redouterez plus désormais.
» Ayez confiance dans l'avenir!... Votre force sera d'autant plus grande que vous
» serez plus croyants. Ayez l'amour de Dieu et de la Patrie! Qu'ils remplissent tout
» votre cœur, et alors, quand sonnera l'heure des représailles, vous vous lèverez
» tous, formant une armée immense et invincible. »

La foule s'est retirée, recueillie et impressionnée, de la cérémonie à laquelle elle venait de prendre part.

Les officiers du 8e mobiles, en célébrant, le 2 décembre, un service commémoratif pour les mobiles qu'ils ont laissés sur les champs de bataille, en 1870-1871, ont eu une touchante et pieuse idée; ils n'ont jamais eu celle de certaines gens qui la considérèrent comme une manifestation bonapartiste.

⁂

Durant la guerre, la France entière avait toutes ses espérances tournées vers l'armée. Bien des gens se sont fait un plaisir de déconsidérer le corps des officiers de mobiles.

Ce sont de pareils moyens, non moins que nos douloureux revers, qui ont contribué à démoraliser l'armée en entretenant dans le mobile la méfiance de ses chefs.

Tout citoyen faisant à la patrie le sacrifice de sa vie a droit, à ce seul titre, au respect de tous, et surtout de ceux qui n'ont pas été appelés à partager les mêmes dangers. C'est là ce que nous avons tous fait, et cependant personne n'a parlé de notre courage; tous, de notre incapacité. Ah! que j'aurais voulu les voir en présence de l'ennemi, ceux qui tonnent chaque jour contre nous! Eussent-ils été plus capables? Eussent-ils été aussi braves?...

⁂

En terminant l'histoire du 8e régiment de garde nationale mobile, je ne dois pas oublier de remercier le Comité de secours aux blessés du département. Des dons considérables en argent et en nature ont été et sont encore distribués aux nombreuses victimes de la guerre. Des délégués envoyés par lui ont affronté de grandes fatigues, des dangers même, pour nous apporter, à tous, des nouvelles du pays. On ne saurait trop lui savoir gré de tant de preuves de dévouement et de désintéressement.

L.-A. VIGNOLLE,

Ex-officier de l'armée de la Loire (8e Mobiles), actuellement dessinateur à la Rochelle, 16, rue des Cloutiers, 16.

TABLEAU DES OFFICIERS DU RÉGIMENT
avant son licenciement (22 février 1871).

ÉTAT-MAJOR :

MM. MAINE, *Lieutenant-Colonel* (en remplacement de M. le baron VAST-VIMEUX).
FRADET, *Chef du 1er bataillon* (en remplacement de M. AUBERGE, décédé).

(On n'a pas remplacé le commandant DEMONTET, qui avait été destitué; l'intérim a été fait par le capitaine DIARD avant l'armistice. L'armistice étant déclaré, beaucoup d'officiers malades depuis le 4 décembre 1870, se trouvant guéris, revinrent au régiment. M. ROCHE arriva; étant le plus ancien capitaine du 2e bataillon, il en prit le commandement. Le capitaine DIARD fut appelé à remplir les fonctions de capitaine-major.

DU CHEYRON DU PAVILLON, *Chef du 3e bataillon* (en remplacement de M. DE LA BARRE, promu Lieutenant-Colonel).
FESSEAU, *Capitaine-major.*
MERLOT, *Capitaine-trésorier.*
MANTELIN, *Capitaine d'habillement.*
DAVID, *Aide-major.*
HILLAIRET, *Aide-major.*
VERMEIL, *Sous-Aide-major.*
JEUDY DE GRISSAC, *Sous-Aide-major.*
BLANCHARD, *Aumônier.*

Nos des Compagnies.	NOMS DES OFFICIERS.		
	CAPITAINES.	LIEUTENANTS.	SOUS-LIEUTENANTS.
	1er BATAILLON.		
1	GABORIT.	BOUCHET.	PONCET.
2	DELBOS.	SEGUINEAU.	JUIN.
3	LANDRIAU.	BÉGUET.	VAUGUION.
4	MASSÉ.	DE LAFARGUE.	DE MONEYS.
5	DU CHEYRON DU PAVILLON (adjudant-major).	BORDESOULLE.	RIZAT.
		BRAULT DE BOURNONVILLE.	LECLERC.
6	GRAVELIN.	JEUDY DE GRISSAC.	
7	LEGENDRE.	PÉCHARD.	
	2e BATAILLON.		
1	SIMOUNEAU.	DOUILLET.	BRASSAUD.
2	DANTON.	BISSEUIL.	QUÉRÉ.
3	DIARD.	SAINT-BLANCARD.	DECHARME.
4	DE THOMASSON (Adjudant-major).	RÉGNIER.	MATHÉ.
5	LEROY.	JEAUDEAU.	BARTHE.
6	ROCHE.	ROULLET.	DEFREUCHE.
7	DESAGES.	BOSCALS DE RÉALS.	JOSSAND.
	3e BATAILLON.		
1	BELENFANT.	CLAIS.	FERRET.
2	LEGARDEUR DE TILLY (Adjt-majr)	VIGNOLLE.	AMBLARD.
3	ROUSSET.	DE DAMPIERRE.	GUIGNON.
4	GREEN DE SAINT-MARSAULT.	ROY DE LOULAY.	BONNEAU.
5	ESMENJEAU.	CHAUDREAU.	MATHÉODA.
6	DELAGE DE LUGET.	DE GRIMOUARD.	BERGERON.
7	ALLENET.	LE BERTHON.	MORIN.

RENSEIGNEMENTS DIVERS.

OFFICIERS BLESSÉS ET TUÉS.

2e Bataillon. DANTON, capitaine, blessé le 2 décembre 1870, à Terminiers.
— BISSEUIL, lieutenant, d° d°
— PARIS, capitaine, blessé à Villeporcher le 8 janvier 1871, mort au Mans des suites de sa blessure.

3e Bataillon. DUSSAULT, capitaine, blessé le 2 décembre 1870, à Terminiers.
— CHAUDREAU, lieutenant, d° d°
— BLAY, capitaine, tué à Ruillé le 8 janvier 1871.

OFFICIERS DÉCÉDÉS PENDANT LA CAMPAGNE
PAR SUITE DE MALADIES.

AUBERGE, chef de bataillon.
RENAUD, sous-lieutenant
BACHELIER, sous-lieutenant.

OFFICIERS FAITS PRISONNIERS.

1er Bataillon. BOLLON, lieutenant, à Orléans, premiers jours de décembre 1870.

2e Bataillon. GRUEL-VILLENEUVE, lieutenant, à Ruillé, le 8 janvier 1871.
— BOUTIN, sous-lieutenant, à Ruillé, le 8 janvier 1871.
— CHARRIER, lieutenant, 9 décembre 1870, à Chambord.

3e Bataillon. DUSSAULT, capitaine, à Ruillé, le 8 janvier 1871.
— ROBERT, capitaine, d° d°
— DELMAS, sous-lieutenant, à Chambord, le 9 janvier 1871.
— DUPONT (Martin), sous-lieutenant, à Chambord, le 9 janvier 1871.

OFFICIERS DÉMISSIONNAIRES.

2e Bataillon. VENTRE, 18 octobre 1870.
— BAUDARD, 18 octobre 1870.
— SALVAIN, 18 octobre 1870; entra dans un régiment de ligne.

3e Bataillon. DELMAS, 8 octobre 1870; entra dans un régiment de ligne.
— GAUDEFROY, 23 novembre 1870; entra au service de l'intendance.
— De CLAUZADE de MAZIEUX, après le 4 décembre 1870, entra au camp de La Rochelle.

NOMINATIONS DANS L'ORDRE DE LA LÉGION-D'HONNEUR.

OFFICIERS.

VAST-VIMEUX (Baron), lieutenant-colonel, par décret du 9 janvier 1871, pour s'être admirablement conduit dans les combats des 2, 3 et 4 décembre, à Lumeau, où il a maintenu son régiment par son attitude calme et résolue, et n'a quitté le champ de bataille que le dernier, en protégeant la retraite de l'artillerie.

FRADET, chef de bataillon, par décret du 13 septembre 1871.

Le *Journal officiel,* annonçant cette nomination, cite M. Fradet (d'après l'annotation de ce dernier dans sa petite brochure) comme un héros, ayant à lui seul mis en déroute la cavalerie prussienne le 4 décembre 1870. On n'a aucun reproche à adresser à M. Fradet sur sa conduite durant la campagne; mais les honneurs du 4 décembre, qu'il veut s'attribuer, ne lui appartiennent pas; ils reviennent au 3e bataillon, qui s'est trouvé seul engagé dans le bois de Bucy-Saint-Liphard, lequel, commandé par le capitaine Allenet, a mis la cavalerie prussienne en déroute. C'est le 3e bataillon qui, seul, sauva ce jour-là l'artillerie du général Barry. Le 1er bataillon, commandé par le commandant Auberge, et le 2e, commandé par le commandant Dumontet, se trouvaient à gauche du bois de Bucy-Saint-Liphard, où ils eurent de sérieux engagements.

CHEVALIERS.

1er Bataillon. Du CHEYRON du PAVILLON, fut nommé chevalier le 9 janvier 1871, lorsqu'il appartenait, comme capitaine, au 1er bataillon. Il passa ensuite commandant du 3e bataillon.
— DELBOS, capitaine, par décret du 7 mai 1871.
— HILLAIRET, médecin aide-major, par décret du 27 septembre 1871.

2e Bataillon. De THOMASSON, par décret du 9 janvier 1871.
— DAVID, médecin aide-major, par décret du 13 septembre 1871.
— DUMONTET, chef de bataillon, par décret du 27 septembre 1871.
— DESAGES, capitaine, par décret du 27 septembre 1871.

3e Bataillon. DUSSAULT, capitaine, par décret du 27 septembre 1871 (Maire de Tonnay-Boutenne et conseiller général).

MÉDAILLES MILITAIRES.

1er Bataillon.	BARDON, sergent-fourrier, par décret du	9 janvier 1871.
—	JEUDY de CRISSAC, sous aide major,	d°
—	TOUZET, sergent-major,	d°
—	BRIAND, caporal,	13 septembre 1871.
—	GASSOT, caporal,	d°
—	PATRIC, caporal,	d°
—	BOUCHARD, caporal,	d°
2e Bataillon.	JACQUINOT, sergent-major,	27 juillet 1871.
—	GOURIN, sergent-major,	d°
—	GIRAUDEAU, sergent-major.	13 septembre 1871.
—	GIRAUD, sergent,	17 septembre 1871.
—	CAN, sergent,	d°
—	LANDRIAU, sergent,	d°
—	VIAUD, sergent,	d°
—	POUPART, caporal,	27 juillet 1871.
—	RENAUD, caporal,	9 janvier 1871.
—	GUINOUARD, mobile,	17 septembre 1871.
—	BIRONNEAU, mobile,	16 février 1872.
3e Bataillon.	LALANDE, sergent,	17 septembre 1871.
—	FOUILLADE, sergent,	13 septembre 1871.
—	BONNEAU, sergent,	17 septembre 1871.
—	CHAILLOU, caporal,	5 mai 1871.

Bordeaux. — Imp. G. Gounouilhou, rue Guiraude, 11.

ERRATA

Page 11, entre le premier et le deuxième alinéa, lire ce qui suit :

Aussitôt la prise d'Orléans, le 4 décembre 1870, les troupes se replièrent en passant la Loire, et prirent différentes directions. Une compagnie du 8e mobiles (3e du 1er bataillon) et quelques hommes qui avaient perdu le régiment se dirigèrent sur la ligne du chemin de fer (d'Orléans à Vierzon), et s'engagèrent sous le tunnel de Vierzon le 6 ou le 7 décembre 1870. M. Du Cheyron du Pavillon, ex-officier de l'armée régulière, commandant cette petite troupe, en lui faisant prendre cette nouvelle route, a-t-il exécuté un ordre donné ou suivi l'impulsion de sa propre volonté? D'une manière ou d'une autre, il est forcément responsable de l'accident. Il est très étonnant qu'il ne se soit pas préoccupé de la marche des trains. Il dirigea ses hommes sous le tunnel, et un grand nombre de soldats débandés et de tous corps le suivirent.

A peine sous le tunnel, au milieu d'une obscurité complète, un grand malheur eut lieu. Un train arrivant à toute vitesse fit de terribles ravages; des cris épouvantables se firent entendre; des mobiles, des soldats étaient blessés, d'autres tués, écrasés..... La machine, la voûte du tunnel étaient couvertes de sang... Des lambeaux de chair, d'autres parties du corps humain avaient été projetés dans tous les sens, et semblaient demander vengeance!... De tous côtés partaient des cris plaintifs... C'était une scène pénible, impossible à décrire. . . . .

. . . .

Combien de pères et mères croient leurs enfants morts sur le champ de bataille!... Hélas! non; leur mort n'est due qu'à l'incurie de l'officier commandant cette compagnie, qui pouvait éviter ce désastre en prenant des précautions; en exigeant de l'ordre, de la discipline chez ses hommes.

Pourquoi a-t-il pris cette route?... Une route peut-être plus longue, mais plus sûre, était libre. Quel fut le nombre des victimes? on ne l'a jamais connu exactement. Suivant différentes versions, les mobiles de la Charente-Inférieure eurent dix morts, et les soldats de tous corps, vingt morts et plusieurs blessés.

On aurait dû faire une enquête sur cette pénible affaire. Elle n'eut pas lieu. Quel est donc le motif qui l'a empêchée?... *Était-il nécessaire de rappeler qu'au 8e régiment de mobiles la justice n'a jamais existé?*

M. Fradet a bien eu le soin de ne pas citer, dans son ouvrage, ce malheur. Pourtant il ne devait pas l'ignorer. Il doit appartenir à l'histoire du 8e mobiles; l'oublier, serait une preuve de partialité : on ne doit jamais craindre de dire la vérité.

Page 29, tableau des officiers :

Placer en tête de la colonne des sous-lieutenants du 1er bataillon, PÉCHARD, porté par erreur dans celle des lieutenants.

X

OFFICIERS REMPLACÉS DANS LEURS GRADES

ET MIS A LA SUITE DU RÉGIMENT.

DUSSAULT, Capitaine.
ROBERT, Capitaine.
GRUEL-VILLENEUVE, Lieutenant.
CHARRIER, Lieutenant.
DELMAS, Sous-Lieutenant.
DUPONT (Martin), Sous-Lieutenant.
BOUTIN, Sous-Lieutenant.
SORIN, Sous-Lieutenant.
MORIN (Cléopha), Sous-Lieutenant.

M. Gillardeau, Sous-Lieutenant, nommé à la 2e compagnie du 3e bataillon, puis provisoirement à la 6e du 3e, a débuté dans le régiment comme simple mobile, et n'a cessé, durant toute la campagne, de faire preuve de bravoure. Actuellement, il ne fait pas partie des cadres. — Pour quel motif?.....

M. Georges Breuillac, avocat, capitaine de la Garde nationale mobile des Deux-Sèvres, raconte, dans son ouvrage sur la campagne de la Loire et de la Sarthe, l'affaire de Chambord d'une manière tout à fait inexacte. Il dit :

1° (Pages 149 et 150.) « Que le général Maurandy, qu'on avait cherché, fut introuvable. »

Cela m'étonne, car, durant toute cette lutte, le général était dans le parc, donnant ses ordres avec le plus grand sang-froid. — Je tiens à faire connaître ce fait, afin que l'on ne puisse pas supposer, d'après la phrase de M. Georges Breuillac, que le général Maurandy ne se trouva pas à Chambord.

2° « Que les *Compagnies* de mobiles de la Charente-Inférieure et de la Haute-Vienne avaient formé les faisceaux et qu'elles furent désarmées. »

C'est une grave erreur, en ce qui concerne les mobiles de la Charente-Inférieure. Aucune des compagnies du 8e mobiles n'avait formé les faisceaux; aucune ne fut désarmée, et la plupart même prirent part à l'action.

M. Georges Breuillac, n'étant pas à l'affaire de Chambord, aurait dû se mieux renseigner avant de se permettre de dire que les compagnies du 8e mobiles se sont laissé désarmer.

Puisque aucun officier du régiment n'a protesté contre pareille erreur, pour l'honneur du 8e mobiles, je tiens à la relever.

— Je n'attache aucune importance à la méprise qui a fait mettre 28e mobiles (Charente-Inférieure), au lieu de 8e. Je suppose que c'est une faute d'impression.

L.-A. VIGNOLLE,

Ex-officier de l'armée de la Loire (8e Mobiles), actuellement dessinateur à la Rochelle, 16, rue des Cloutiers, 16.

www.ingramcontent.com/pod-product-compliance
Ingram Content Group UK Ltd.
Pitfield, Milton Keynes, MK11 3LW, UK
UKHW012120240726
13965UKWH00005B/1870